ترقی پسند تحریک کی خدمات

(مضامین)

مرتبہ:

سید حیدرآبادی

© Taemeer Publications LLC
Taraqqi pasand Tehreek ki khidmaat
by: Syed Hyderabadi
Edition: August '2024
Publisher :
Taemeer Publications LLC (Michigan, USA / Hyderabad, India)

ISBN 978-93-5872-909-2

مرتب یا ناشر کی پیشگی اجازت کے بغیر اس کتاب کا کوئی بھی حصہ کسی بھی شکل میں بشمول ویب سائٹ پر اَپ لوڈنگ کے لیے استعمال نہ کیا جائے۔ نیز اس کتاب پر کسی بھی قسم کے تنازع کو نمٹانے کا اختیار صرف حیدرآباد (تلنگانہ) کی عدلیہ کو ہو گا۔

© تعمیر پبلی کیشنز

کتاب	:	ترقی پسند تحریک کی خدمات
مرتب	:	سید حیدرآبادی
صنف	:	غیر افسانوی نثر
ناشر	:	تعمیر پبلی کیشنز (حیدرآباد، انڈیا)
سالِ اشاعت	:	۲۰۲۴ء
صفحات	:	۱۲۲
سرورق ڈیزائن	:	تعمیر ویب ڈیزائن

فہرست

(۱)	ترقی پسند تحریک کا ادبی و فکری اساس	ڈاکٹر سعید احمد	6
(۲)	ترقی پسند تحریک: پس منظر و مقاصد	-	21
(۳)	ترقی پسند تحریک	انور جلال	33
(۴)	ترقی پسند تحریک کی خدمات	-	41
(۵)	ترقی پسند تحریک اور اردو ادب	ڈاکٹر مطیع الرحمن	46
(۶)	ترقی پسند تحریک	وہاب اعجاز خان	53
(۷)	اردو ناول پر ترقی پسند تحریک کے اثرات	محمد عبدالعزیز سہیل	73
(۸)	ترقی پسند ادبی تحریک کا آزادی کی جدوجہد میں حصّہ	ڈاکٹر وسیم انور	80
(۹)	ترقی پسند تحریک کی تاریخ اور روشنائی	پروفیسر کوثر مظہری	91
(۱۰)	ترقی پسند تحریک اور سید سجاد ظہیر	ڈاکٹر قمر عباس	105
(۱۱)	علی سردار جعفری ترقی پسند تحریک کا ایک منفرد شاعر	عبدالحفیظ خان علیگ	118

ترقی پسند تحریک کا ادبی و فکری اساس

ڈاکٹر سعید احمد

ترقی پسند تحریک اردو ادب کی ایک اہم تحریک تھی۔ کوئی بھی تحریک اچانک وارد نہیں ہو جاتی ہے بلکہ اس کے وجود میں آنے میں سماجی، معاشی اور اقتصادی حالات کا دخل ہوتا ہے۔ ترقی پسند تحریک ایک عالمی سطح کی تحریک تھی جس کی بہت سی فلسفیانہ اساس ہیں۔ اردو کے بیشتر نقاد ترقی پسند تحریک کو علی گڑھ تحریک کی توسیع کہتے ہیں۔ ان لوگوں نے یہ ثابت کرنے کی کوشش کی ہے کہ حقیقت نگاری کا جو تصور سر سید احمد خاں کے عہد میں تھا وہ اصلاحی اور تعمیری تحریک کا آغاز تھا۔ ہمارے خیال میں سماجی حقیقت نگاری کا جو تصور سرسید کے عہد میں تھا یہ ترقی پسند تحریک کی حقیقت پسندی سے قدرے مختلف تھا۔ سوال یہ ہے کہ کیا ترقی پسند تحریک کو علی گڑھ تحریک کی توسیع کہنے کا کوئی جواز ہے؟ کیا سرسید کے عہد کی حقیقت نگاری، ترقی پسند تحریک کی حقیقت نگاری سے جداگانہ نہیں ہے؟ ظاہر ہے کہ ترقی پسند تحریک نے اجتماعیت، اشتراکیت اور مقصدیت کو اپنے لیے ضروری قرار دیا۔

منشی پریم چند نے حقیقت نگاری کا جو تصور اپنی تخلیقات میں پیش کیا ہے وہ ترقی پسند تحریک کا پیش خیمہ تھا۔ پریم چند کا زمانہ سماجی اور سیاسی اعتبار سے بہت اہم تھا اور یہ دور ترقی پسند تحریک کے لیے بہت ہی کارآمد ثابت ہوا۔ انور سدید لکھتے ہیں:

"یہ زمانہ سماجی اور سیاسی تحریکوں کے لیے اس لیے بھی سازگار تھا کہ عوام اب اپنی جانب دیکھنے پر مائل ہو چکے تھے اور غلامی کا جوا اتارنے پر آمادہ تھے۔ روس کے انقلاب عظیم نے دنیا بھر کے نچلے طبقے کی آنکھیں کھول دی تھیں اور سماجی انصاف اور مساوات ممکن العمل نظر آنے لگے تھے۔ چنانچہ اس دور میں ہندوستان میں جو تحریکیں پیدا ہوئیں اس میں کچلے ہوئے عوام کی طرف زیادہ توجہ ہوئی۔ حقیقت نگاری کی تحریک نے زندگی کے اس بدلتے ہوئے دھارے کو خوردبینی نظر سے دیکھا اور اسے بلاواسطہ موضوعِ ادب بنایا۔ بیسویں صدی میں اس کی واضح نمود منشی پریم چند کے ادب میں ہوئی۔"[۱]

ترقی پسند تحریک کا باقاعدہ آغاز ۱۹۳۶ سے ہوتا ہے۔ اس سے قبل کے سیاسی اور سماجی منظرنامے معلوم ہوتا ہے کہ ۱۹۱۷ میں جو روس میں انقلاب ہوا اس نے عالمی پیمانے پر سیاسی، سماجی اور معاشی اعتبار سے غیر معمولی تبدیلی پیدا کی۔ انقلاب روس نے پوری دنیا کے ملکوں کو متاثر کیا۔ اس کی وجہ سے ہندوستان میں عام بیداری پیدا ہوئی۔ اردو ادب میں بھی انگریزوں کے خلاف ادبا و شعراء اپنے جذبات کا اظہار انیسویں صدی کے نصف آخر میں کر چکے تھے لیکن ترقی پسند تحریک کے زمانے میں معاملہ قدرے مختلف تھا۔ پہلی جنگ عظیم 'فاشزم کا گھناؤنا چہرہ لے کر آئی تھی اور دوسری جنگ عظیم کے بھی آثار نمایاں تھے۔ اس صورتِ حال سے نمٹنے کے لیے اس دور کے ادیبوں اور فنکاروں نے غیر معمولی کارنامہ انجام دیا۔

پیرس میں ایک بین الاقوامی کانفرنس ہوئی جس کانفرنس میں سجاد ظہیر اور ملک راج آنند وغیرہ موجود تھے۔ سجاد ظہیر، ملک راج آنند، پرمود سین گپتا، محمد دین تاثیر وغیرہ نے لندن میں ترقی پسند تحریک کا ایک خاکہ تیار کیا، اس طرح لندن میں ترقی پسند تحریک کی بنیاد پڑ گئی اور ہندوستان آنے کے بعد ان ادیبوں نے ہم خیال ادیبوں کو اکٹھا

کرنا شروع کیا اور ۱۹۳۶ میں ترقی پسند تحریک کی پہلی کل ہند کانفرنس لکھنؤ میں ہوئی جس کی صدارت معروف ہندی اور اردو کے فکشن نگار منشی پریم چند نے کی۔ اس پہلی کل ہند ترقی پسند کانفرنس میں ہندوستان کے اہم ادبا اور دانشور شریک تھے۔ پریم چند کا یادگاری خطبہ بہت اہم تھا جس میں ترقی پسند تحریک کے رموز و نکات پر روشنی ڈالی گئی تھی۔ اس خطبے کے چند اقتباسات درج ذیل ہیں:

"ہمیں حسن کا معیار تبدیل کرنا ہوگا۔ ابھی تک اس کا معیار امیرانہ اور عیش پرورانہ تھا ہمارا آرٹسٹ امرا کے دامن سے وابستہ رہنا چاہتا تھا انھیں کی قدر دانی پر اس کی ہستی قائم تھی اور انھیں کی خوشیوں اور رنجوں، حسرتوں اور تمناؤں چشمکوں اور رقابتوں کی تشریح و تفسیر آرٹ کا مقصد تھا۔ اس کی نگاہیں محل سراؤں اور بنگلوں کی طرف اٹھتی تھیں۔ جھونپڑے اور کھنڈر اس کے التفات کے قابل نہ تھے۔ انھیں وہ انسانیت کے دامن سے خارج سمجھتا تھا۔ آرٹ نام تھا محدود صورت پرستی کا، الفاظ کی ترکیبوں کا، خیالات کی بندشوں کا زندگی کا کوئی آئیڈیل نہیں زندگی کا کوئی اونچا مقصد نہیں۔"۲؎

"جس ادب سے ہمارا ذوق صحیح بیدار نہ ہو، روحانی اور ذہنی تسکین نہ ملے، ہم میں قوت و حرارت نہ پیدا ہو، ہمارا جذبہ حسن نہ جاگے، جو ہم میں سچا ارادہ اور مشکلات پر فتح پانے کے لیے سچا استقلال نہ پیدا کرے وہ آج ہمارے لیے بیکار ہے۔ اس پر ادب کا اطلاق نہیں ہو سکتا۔"۳؎

"ہماری کسوٹی پر وہ ادب کھرا اترے گا جس میں تفکر ہو، آزادی کا جذبہ ہو، حسن کا جوہر ہو، تعمیر کی روح ہو، زندگی کی حقیقتوں کی روشنی ہو، جو ہم میں حرکت، ہنگامہ اور بے چینی پیدا کرے۔ سلائے نہیں کیونکہ اب اور زیادہ سونا موت کی علامت ہوگی۔"۴؎

منشی پریم چند کا صدارتی خطبہ ایک تاریخ ساز خطبہ تھا۔ جس سے ترقی پسند تحریک کو

بہت زیادہ تقویت ملی۔ پریم چند کا یہ صدارتی خطبہ اس بات کا بین ثبوت ہے کہ حقیقی معنوں میں ادب وہی ہے جو زندگی کے مسائل کا ترجمان ہو۔ ادب کے موضوعات کو زندگی کے موضوعات سے بالکل الگ نہیں کیا جا سکتا ہے۔ ترقی پسند تحریک کے مینی فیسٹو میں اس بات کی طرف اشارہ بھی کیا گیا ہے کہ ایسا ادب تخلیق کیا جائے جس میں ظلم و بربریت، غلامی اور سامراجی اقتدار کے خلاف علم بغاوت بلند کرے، ترقی پسند ادب کی خصوصیت یہ بھی ہے کہ اس میں آزادی کا جذبہ بھی ہو۔ اس میں انسان دوستی، قومی اتحاد اور حق پرستی کی منزل مقصود تک پہنچنے کی رہنمائی کی گئی ہو۔ علی سردار جعفری ترقی پسند ادب کو عوام کی ملکیت تصور کرتے ہیں۔ وہ لکھتے ہیں:

"ترقی پسند مصنّفین نے ادب کے اس تاریخی، مادی اور عوامی تصور کو اپنایا ہے۔ ان کے نزدیک ادب نہ تو چند پیٹ بھروں کی میراث ہے اور نہ ذہنی عیاشی کا سامان وہ ادب کو عوام کی ملکیت قرار دیتے ہیں اور اس پر زندگی کے سدھارنے اور سنوارنے کے مقدس فرائض عائد کرتے ہیں اور جدوجہد حیات میں۔ اسے ایک حربے کی طرح استعمال کرنا چاہتے ہیں۔"۵؎

اس کل ہند کانفرنس میں بہت سے اہم ادبا و شعرا شریک تھے۔ مولانا حسرت موہانی نے اپنی تقریر میں اشتراکیت کی حمایت کی ہے جو ان کے والہانہ جذبہ کا غماز ہے۔ انھوں نے کہا کہ "محض ترقی پسندی کافی نہیں ہے، جدید ادب کو سوشلزم اور کمیونزم کی بھی تلقین کرنی چاہیے۔ حسرت موہانی نے کہا تھا کہ اسلام اور کمیونزم میں کوئی تضاد نہیں ہے اور انھوں نے پوری دنیا کے مسلمانوں کو اشتراکی نظام کو قبول کرنے کی تلقین بھی کی ہے۔ اس کانفرنس میں فراق گورکھپوری، احمد علی، محمود الظفر وغیرہ کے مقالے دادِ تحسین کے قابل تھے۔ ان مقالوں میں ترقی پسند تحریک کے مقاصد کو بحسن وخوبی اجاگر

کیا گیا ہے۔ ترقی پسند تحریک صرف اردو زبان و ادب تک محدود نہیں تھی۔ ہندوستان کی دوسری زبان و ادب میں بھی اس کا والہانہ استقبال کیا گیا اور ترقی پسند تحریک کی بہت سی شاخیں ہندوستان کے اہم شہروں میں قائم ہوئیں جن میں گوہاٹی، ناگپور، پونا، احمد آباد، میسور، مالابار کا نام قابل ذکر ہے۔

الہ آباد میں ۱۹۳۷ میں ترقی پسند تحریک کی ایک اور کانفرنس ہوئی، اس کانفرنس میں اردو ہندی کے بہت سے دانشور ادبا، وشعرا نے شرکت کی، کانفرنس میں تیر ندر دیو، پنڈت رام نریش ترپاٹھی، مولوی عبدالحق کا نام انتخاب میں آیا اور اس کانفرنس میں مولوی عبدالحق کی شرکت گرچہ نہیں ہوئی لیکن ان کے خطبہ صدارت کو کانفرنس میں پڑھ کر سنایا گیا۔ عبدالحق کے خطبہ سے ایک مختصر اقتباس ملاحظہ ہو:

"ادیب کو حق حاصل ہے اور اسے آزادی حاصل ہونی چاہیے کہ جو چاہے لکھے لیکن اسے یہ حق حاصل نہیں ہے کہ وہ کسی چیز کو بھونڈے پن سے لکھے۔ 'بھونڈے پن' کے لفظ میں ادب کے ظاہر اور باطن دونوں کی قباحتیں آجاتی ہیں۔ ترقی پسند مصنّفین کو یہ نکتہ پیش نظر رکھنا چاہیے۔ ورنہ ان کی بہت سی محنت اکارت جائے گی۔ ان کے خیالات کیسے ہی بلند پایہ اور انقلاب انگیز کیوں نہ ہوں پت جھڑ کی طرح ہوا میں بکھر جائیں گے۔"٦؎

الہ آباد میں ترقی پسند تحریک کی ایک دوسری کانفرنس ۱۹۳۸ میں منعقد ہوئی جو ایک یادگاری کانفرنس تھی اس کانفرنس میں یوپی، بہار، پنجاب کے ادیبوں کے علاوہ اردو کے نامور ادبا و شعرا فیض احمد فیض، حیات اللہ انصاری، احتشام حسین وقار عظیم، علی سردار جعفری، آنند نرائن ملا، پریم چند کے بیٹے امرت رائے، عبدالعلیم اور معروف سیاست داں پنڈت جواہر لال نہرو نے تقریریں کیں اور اشتراکیت کی کھل کر تعریف کی اور رابندر ناتھ ٹیگور کا پیغام جو ترقی پسندوں کے نام تھا وہ ادب کی تاریخ میں غیر معمولی

اہمیت کا حامل ہے۔ ذیل کے اقتباس سے رابندر ناتھ ٹیگور کے انقلابی نظریہ کا اندازہ لگایا جاسکتا ہے:

"تخلیق ادب میں تنہائی جتنی مفید ہے اتنی ہی مضر بھی ہے یہ سچ ہے کہ تنہائی میں ادیب اپنے نفس سے ہم گوش ہوتا ہے۔ مطالعے اور مشاہدے کا اصل رمز وہاں ملتا ہے اور دھیان بٹانے کے لیے کسی قسم کا شور و شغف وہاں نہیں ہوتا۔ اسی وجہ سے عزلت پسندی میری طبیعت ثانیہ بن گئی ہے لیکن یہ بھی ایک حقیقت ہے کہ سماج سے الگ تھلگ رہنے والا ادیب بنی نوع انسان سے آشنا نہیں ہوسکتا بہت سے لوگوں سے مل کر جو تجربہ حاصل ہوتا ہے الگ رہ کر ادیب اس سے محروم ہوجاتا ہے۔ سماج کو جاننے پہچاننے کے لیے اور اس کی ترقی کی راہ کا پتہ دینے کے لیے یہ ناگزیر ہے کہ ہم سماج کی نبض پر ہاتھ رکھیں اور اس کے دل کی دھڑکوں کو سنیں۔ یہ اسی وقت ممکن ہے جب ہم انسانیت کے غم گسار اور ہمدم ہوجائیں انسان کی روح کو صرف اسی صورت میں ہم پہچان سکتے ہیں۔ ادب اور انسانیت جب باہم ایک دوسرے کے رفیق ہوجائیں گے تو رہنمایان خلق کو مستقبل کی اصل راہ ملے گی اور پھر وہ سمجھیں گے کہ بیداری کا صور کیا ہے اور زمانہ کس نغمے کو سننے کے لیے بے چین ہے۔ اس وقت انھیں عوام کے جذبات کا علم ہوگا ظاہر ہے کہ عوام سے الگ رہ کر ہم بیگانۂ محض رہ جائیں گے۔"[7]

ترقی پسند تحریک کی ترویج واشاعت کے لیے گاہے بگاہے بہت سی کانفرنسیں ہوتی رہتی تھیں۔ اس کی تفصیل میں نہ جاتے ہوئے مناسب معلوم ہوتا ہے کہ ترقی پسند تحریک کے فکری وفنی نظریات پر بھی گفتگو کی جائے۔

سجاد ظہیر اور ان کے رفقا لندن سے فاشزم کے خلاف سوشلزم کا نظریہ لے کر ہندوستان آئے تھے یہ ہندوستانی نوجوان لندن ہی میں کارل مارکس کے اشتراکی فلسفے سے

متاثر ہوئے تھے ترقی پسند تحریک کی اولین بنیاد اشتراکیت تھی۔ یہی وجہ ہے کہ اترقی پسند ادیبوں نے اشتراکیت پر زیادہ زور دیا ہے۔ ترقی پسند تحریک نے سماج میں معاشی نابرابری کی نکتہ چینی کی ہے۔ ترقی پسند ادب انسان کی معاشی اور اقتصادی آزادی کو اہم مانتا ہے۔ اس کی وجہ سے سماج میں معاشی اور اقتصادی مساوات ممکن ہے۔ ثاقب رزمی کا یہ اقتباس اس امر کی مزید وضاحت کرتا ہے:

"ترقی پسند ادبی تحریک پر یہ الزام لگایا جاتا ہے کہ وہ معاشیات کو 'کل' سمجھتی ہے۔ حالانکہ یہ بہتان محض ہے وہ معاشیات کو 'کل' ہرگز نہیں سمجھتی ہے بلکہ انسانی معاشرے کا محور تصور کرتی ہے زندگی کا معاشی پہلو اس لیے اہم ترین ہے کہ استحصالی قوتیں زندگی کے اس پہلو کے ساتھ وابستہ ہیں اور ان ہی قوتوں کی وجہ سے عالمی سطح پر عوام میں معاشی بدحالی اور سماجی قباحتیں پھیلی ہوئی ہیں اس لیے ترقی پسند ادب زندگی کے معاشی پہلو کی آزادی اور مساوات ہی میں انسانیت کی نجات سمجھتا ہے۔"[۸]

ترقی پسند تحریک کی دوسری بنیاد اجتماعیت پر تھی۔ ترقی پسند ادیب اپنی تخلیقات میں سماجی زندگی کے مسائل کو پیش کرتا ہے۔ اس کا سروکار عوام کی زندگی کے مسائل سے بہت زیادہ ہے۔ ترقی پسند ادبا و شعرا ان زبانوں کی تشبیہات و استعارات کا استعمال اپنے ادب میں کرتے ہیں جو عوام میں رائج ہوں جس کا تعلق سماجی زندگی سے گہرا ہو۔ ترقی پسند ادیبوں نے اجتماعیت پر زور دیا ہے۔ بعض نقادوں کا کہنا ہے کہ کسی بھی تخلیق کار کی انفرادیت کبھی ختم نہیں ہوتی ہے اور انسان فطری طور پر منفرد ہوتا ہے۔ شارب ردولوی رقمطراز ہیں:

"یہ صحیح ہے کہ سماج ادب کی تخلیق کے لیے کوئی تنظیم یا منصوبہ بندی نہیں کرتا اور مختلف انفرادی کوشش ہی ادب کی تخلیق کرتی ہیں لیکن اس سے یہ مطلب نہیں نکالا

جا سکتا کہ سماج سے اس کا کوئی رشتہ نہیں ہوتا اس سے پہلے یہ بات کہی جاچکی ہے کہ سماج کا اثر شخصیت پر اور شخصیت کا اثر سماج پر پڑتا ہے اس لیے کوئی تخلیق بھی ان اثرات سے علیحدہ نہیں رہ سکتی جو سماجی یا دوسرے لفظوں میں اجتماعی ہیں۔"۹۔

ترقی پسند تحریک کی تیسری فکری بنیاد سیاست پر تھی۔ ترقی پسند ادیبوں کا مطالبہ تھا کہ ایسا ادب تخلیق کیا جائے جس کا تعلق سیاست سے بہت گہرا ہو اور سیاسی مسائل کے ساتھ یہ تحریک سیاست کی پابند بھی تھی۔ سیاست کا پابند ہونے کا یہ مطلب نہیں ہے کہ ترقی پسند ادیب لازمی طور پر سیاسی کارکن بھی ہو۔ اس سے یہ بات ضرور ثابت ہوتی ہے کہ ترقی پسند ادیب سیاست سے کنارہ کش نہ ہو۔ ترقی پسند ادیب میں سماج سے گہری ہمدردی، انسان دوستی اور آزادی کا جذبہ ہونا چاہیے۔ ترقی پسند تحریک ادیبوں سے مطالبہ کرتی ہے کہ وہ مزدوروں، کسانوں، کا ساتھ دیں اور ان کی معاشرتی اور سیاسی زندگی کا ایک حصہ بنیں۔ ہنس راج رہبر لکھتے ہیں:

"ادب، سیاست اور سماج میں بڑا گہرا تعلق ہے اگر ادیب یا شاعر کا سماجی نقطۂ نظر صاف اور واضح نہیں ہے تو ظاہر ہے کہ اس کا سیاسی نقطۂ نظر بھی صاف نہیں ہوگا اور اس حالت میں اس کے ادبی نقطۂ نظر کے صاف ہونے کا تو سوال ہی پیدا نہیں ہوتا۔"١٠۔

اس ضمن میں علی سردار جعفری کا مطمح نظر واضح ہے کہ ادب کا رشتہ سیاست سے گہرا ہے۔ وہ لکھتے ہیں:

"دراصل سیاست سے آلودہ ہو کر آرٹ خراب نہیں ہوتا۔ وہ خراب ہوتا ہے آرٹسٹ کی ذہنی اور جذباتی کمزوریوں سے۔۔۔۔۔ جب پریم چند نے اپنے خطبہ صدارت میں یہ کہا تھا کہ ادب سیاست کے پیچھے پیچھے چلنے والی حقیقت نہیں بلکہ وہ مشعل ہے جو سیاست کو راہ دکھاتی ہے تو وہ ادیب کی انفرادیت اور معاشرے کی اجتماعیت کے

رشتے کو ظاہر کر رہے تھے۔۔۔۔۔اس لیے ادیب کو سیاست کے سمندر میں قطرہ بن کر سمندر کا روپ دھارنے کی کوشش نہیں کرنی چاہے اس کو سمندر میں موتی بن کر رہنا چاہیے اور ایسی مثالیں بھی ہیں جہاں سیاسی رہنما خود ادیب اور شاعر ہیں۔"۱۱۔

ترقی پسند تحریک ادیب سے سیاست کا مطالبہ اس لیے کرتی ہے کیونکہ اس کے ذریعہ ہندوستانی سماج کو آزادی دلانا چاہتی تھی۔ انگریزوں کے ظلم و استبداد کے خلاف آواز اٹھانا چاہتی تھی۔ ترقی پسند تحریک قومی اور بین الاقوامی سیاست سے منھ موڑنے سے گریز کرتی تھی۔ یہی وجہ ہے کہ ترقی پسند ادیب و شاعر عملی طور پر سیاسی جدوجہد میں حصہ لینے لگے۔ چنانچہ اس دور کے ترقی پسند ادبامیں احتشام حسین اختر حسین رائے پوری وغیرہ عوام اور محنت کش طبقہ کے ساتھ شانہ بشانہ کھڑے ہوئے۔

ترقی پسند تحریک کی چوتھی بنیاد سائنسی عقلیت پر تھی۔ اسی نقطۂ نظر کو مد نظر رکھتے ہوئے منظر اعظمی کے الفاظ میں "شولزم مذہب اور توہمات کو افیون کہتی تھی" ترقی پسندوں کا خیال ہے کہ ساری دنیا میں ہونے والی شدید تبدیلیوں سے پرانی قدروں کی شکست وریخت ہوئی۔ ترقی پسند تحریک مذہب رسوم، عقائد کو سائنسی عقلیت سے ختم کرنا چاہتی ہے۔ ترقی پسند تحریک کی پہلی کل ہند کانفرنس میں سائنسی عقلیت پسندی پر زور دیا گیا اور اسی اعلان نامے میں سائنسی عقلیت پسندی کی حمایت کی گئی اس ضمن میں ایک اقتباس ملاحظہ ہو:

"ہندوستانی ادیبوں کا فرض ہے کہ وہ ہندوستانی زندگی میں رونما ہونے والی تبدیلیوں کا بھرپور اظہار کریں اور ادب میں سائنسی عقلیت پسندی کو فروغ دیتے ہوئے ترقی پسند تحریکوں کی حمایت کریں ان کا فرض ہے کہ وہ اس قسم کے انداز تنقید کو رواج دیں جسے خاندان، مذہب، جنسی، جنگ اور سماج کے بارے میں رجعت پسند، ماضی پسند اور ماضی

پرستی کے خیالات کی روک تھام کی جاسکے۔"۱۲؎

ترقی پسند تحریک میں مارکس کے جدلیاتی مادی نظریے کی غیر معمولی اہمیت ہے، مارکس کے جدلیاتی مادی نظریہ نے ترقی پسند ادبا اور شعراء کو متاثر کیا ہے۔ مارکس کا ماننا ہے کہ جس طرح سماجی اقتصادی حالات میں تبدیلی آتی ہے اسی طرح انسان کی جبلت بھی بدلتی ہے اس کا کہنا ہے کہ جاگیر دارانہ نظام اور اسی طرح سرمایہ دارانہ دور جو انسان کی جبلت تھی وہ اشتراکیت کے دور میں ممکن نہیں ہے۔

لٰہذا جدلیاتی فلسفے کی بنیاد پر کوئی حقیقت آخری اور مطلق نہیں کہی جاسکتی ہے۔ انسانی جبلت میں یہ چیز داخل ہے کہ وہ خوب سے خوب تر کی جستجو کرے اور یہ بھی کہا جاتا ہے کہ معاشی تبدیلی فن کے ارتقا پر اثر انداز ہوتی ہے۔ ہنس راج رہبر مادی جدلیات کے تعلق سے رقمطراز ہیں:

"اس سماجی تبدیلی اور انقلاب کے جو تاریخی اصول ہیں انھیں پہلے پہل مارکس نے دریافت کیا اور ان کا فلسفیانہ نام ہے۔ مادّی جدلیات یا جدلیاتی مادیت، جدلیاتی نظریے کا مطلب یہ ہے کہ چیزوں کا مطالعہ ان کے ارتقاء اور تبدیلی کے پس منظر میں کیا جائے کسی چیز کے خاص اوصاف کو اس کے نئے رشتوں کی روشنی میں دیکھنا اور ان رشتوں میں حقیقت نے جو نیا روپ دھارن کرلیا ہے اس کے مطابق اپنے خیال کو ڈھالنے کا نام ہی جدلیات ہے۔"۱۳؎

مجنوں گورکھپوری ایک اہم ترقی پسند نقاد کی حیثیت سے جانے جاتے ہیں۔ ان کی کتاب 'ادب اور زندگی' بہت اہم ہے۔ اس کتاب میں اس امر کی طرف اشارہ کیا گیا ہے، کہ مادی جدلیات کے نظریہ کو ترقی پسند ادیب جوں کا توں پیش نہیں کرسکے جس کی وجہ سے اشتراکیت جو مطالبات کررہی ہے اس سے دور ہے۔ ترقی پسند ادیبوں میں یہ موضوع

ہمیشہ بحث طلب رہا کہ مواد اور ہیئت میں کس کو زیادہ ترجیح دی جائے اکثر ادباء و شعراء مواد کو ہیئت پر ترجیح دیتے ہیں۔ مواد پر زیادہ زور دینے سے کہیں کہیں اصل مقصد بھی مجروح ہو گیا ہے کچھ لوگوں کا کہنا ہے کہ ترقی پسند تحریک نے مواد پر زیادہ توجہ دی ہے۔ سردار جعفری نے ہیئت اور موضوع کے تعلق سے میانہ روی کو قائم رکھا ہے۔ لکھتے ہیں:

"ہیئت پرستی کے نقطۂ نظر سے ہیئت ہی سے سب کچھ ہے اور موضوع اور مواد کچھ بھی نہیں آرٹ محض ہیئت کا نام ہے اس سے چڑھ کر اگر کوئی یہ کہنے لگے کہ صرف موضوع اہم ہے اور ہیئت بالکل بیکار چیز ہے تو وہ بھی ایک انگی بات ہو گی ہیئت اور موضوع کے سوال کو اس طرح پیش کرنا غلط ہے کوئی بھی سنجیدہ ادیب ہیئت اور موضوع کو ایک دوسرے سے الگ نہیں کرے گا کیونکہ بغیر ہیئت کے موضوع کا اور بغیر موضوع کے ہیئت کا تصور ہی نہیں کیا جا سکتا۔"١۴۔

ترقی پسند تحریک کے امتیازی اوصاف میں سے ایک وصف اس کی حقیقت نگاری ہے اور اگر یہ کہا جائے تو بے جا نہ ہو گا کہ حقیقت نگاری کا فروغ ترقی پسند تحریک کی وجہ سے اردو میں ہوا۔ سوال یہ ہے کہ جنسی موضوعات کی حقیقت نگاری جو ترقی پسند تحریک کے دور میں ہوئی۔ کیا اب اس طرح کے ادب کو ترقی پسند تحریک کے مصنّفین اس کو سماجی و معاشرتی اہمیت دیں گے؟ کیا اب ایسے ادب کو ترقی پسند ادب کہا جائے گا؟ ظاہر ہے فرائڈ کے نظریات سے متاثر ہو کر جو ادب لکھا گیا ہے، اس میں جنسی حقیقت نگاری پائی جاتی ہے اسی طرح ڈی ایچ لارنس سے متاثر ہو کر عصمت اور منٹو نے جو ادب تخلیق کیا وہ مکمل ترقی پسند ادب میں شمار ہونے کے لائق ہے؟ اسی طرح کے بہت سے سوالات ہیں جو ترقی پسند ادیبوں کو الجھا دیتے ہیں۔ اور یہی وجہ ہے سردار جعفری جیسے ترقی پسند ادیب نے منٹو کے افسانوں کو ترقی پسند افسانہ کہنے میں تامل کیا ہے۔ عزیز احمد لکھتے ہیں:

"لیکن میں یقین سے کہہ سکتا ہوں کہ 'لحاف' اور پھسلن جیسے افسانوں سے سوسائٹی کی جنسی اصلاح نہیں ہو سکتی جنسی تخریب ہوتی ہے، ناتجربہ کار لڑکوں اور لڑکیوں کے لیے اور اس قسم کے افسانوں کا اثر یہی ناتجربہ کار لڑکے اور لڑکیاں لے سکتی ہیں یہ افسانے تخریبی ترغیب کا باعث ہو سکتے ہیں ان کی روح عمل اور غالباً ان کی نیت بھی ترقی پسندی کے مقاصد کے عین خلاف ہے۔ جنسی مضامین میں تفصیلی حقیقت نگاری نہ سائنسی اہمیت رکھتی ہے، نہ ادبی نہ ادبی جنس کی تفصیلی حقیقت نگاری کا مقصد محض شہوانی ہو سکتا ہے شہوانیت کا تجاوز قوم کے قوائے عمل پر برا اثر کرتا ہے اوّل ہی رکاوٹوں اور پابندیوں کی وجہ سے ہندوستان میں جنسی رجحان ضرورت سے زیادہ ہے شہوانی ادب سے یہ رجحان اور زیادہ پستی، اور زیادہ رجعت کی طرف مائل ہو جاتا ہے۔"۱۵ے

ترقی پسند ادیبوں کے سامنے ترقی پسند موضوعات کے تعلق سے تشفی بخش جواب نہ تھا اور ترقی پسند مصنّفین نہ ہی مواد اور ہیئت کا مسئلہ سلجھا سکے۔ اور نہ ہی جنسی حقیقت نگاری کے مسائل کو واضح کر سکے۔ اس حقیقت کا اظہار بھی ضروری ہے کہ ترقی پسند تحریک کے اعلان نامے اور صدارتی خطبات اور تقاریر اور مینی فسٹو کا اگر بغور مطالعہ کیا جائے تو اکثر پیچیدہ مسائل حل ہو جائیں گے۔ ان مسائل کے پیدا ہونے کا اہم سبب ترقی پسندوں کی انتہا پسندی تھی جس سے اس تحریک کا بہت بڑا نقصان ہوا اور یہی انتہا پسندی اس تحریک کے زوال کا سبب بھی بنی۔ ترقی پسند تحریک کے نظریات و تصورات کی وضاحت درج ذیل پہلوؤں سے کسی حد تک ہو جاتی ہے:

"۔ا ادب کو آزادی اور جمہوریت کا علمبردار ہونا چاہیے اور اسے سامراجیت اور فاشزم کی مخالفت کرنی چاہیے۔

۔۲ ادب کو سماج اور معاشرے کا ترجمان ہونا چاہیے۔

۔۳ادب کے مواد اور موضوعات خواص کے بجائے عوام اور ان کی زندگی کے مسائل سے اخذ کیے جانے چاہیے۔

۔۴ادب کو رجعت پسندی، تنگ نظری، روایت پرستی اور ماضی پرستی کی مخالفت کرنی چاہیے۔

۔۵ادب کو سماجی، سیاسی اور معاشی ناانصافی، استحصال، ظلم، تشدد نفرت اور تعصب کے خلاف آواز اٹھانی چاہیے اور اسے صداقت، انصاف، امن، نیکی، مساوات اور محبت کا دم بھرنا چاہیے۔

۔۶ادب کو سماجی، سیاسی اور معاشی نظام میں (بہتر) تبدیلی کی حمایت کرنی چاہیے۔

۔۷اسے فرقہ پرستی کے بجائے سیکولرزم، جذباتیت کے بجائے عقلیت، فراریت کے بجائے جدوجہد، تعطل کے بجائے تغیر، انفرادیت کے بجائے اجتماعیت اور رومانیت کے بجائے حقیقت کا علمبردار ہونا چاہیے۔

۔۸ادب میں تصنع پر سادگی، ابہام اور رمزیت پر وضاحت اور ہیئت پر مواد کو ترجیح دینا چاہیے۔"۱۶۔

ترقی پسند تحریک نے اس دور کے ادبا و شعرا کو سوشلسٹ نظریے سے غیر معمولی طور پر متاثر کیا۔ کارل مارکس کے اشتراکی نظریہ کی اردو ادب میں ترجمانی کی گئی ہے۔ شاعری، افسانے، ناول، ڈرامے، اور تنقید ترقی پسند نظریہ سے متاثر ہو کر لکھی گئی ہے جس سے نہ صرف اردو ادب کا فروغ ہوا بلکہ جمہوریت، عوام کی خوش حالی، انسان دوستی، آپسی اتحاد اور ہندوستان کو آزادی دلانے میں بھی مدد ملی۔ اس لیے کہا جاسکتا ہے کہ مارکسی ادب نے مختلف طبقتوں کی حقیقی زندگی کو پیش کر کے انسان کی سماجی زندگی کی ترقی کو اور تیز کر دیا۔

ترقی پسند تحریک نے سماجی زندگی میں تغیر و تبدیلی پیدا کی۔ اس تحریک نے سماج کو رجعت پسندی سے نکال کر ایک نئے سماج کی عمارت کھڑی کی اور اس کے ذریعہ اردو ادب میں ایک انقلاب پیدا ہوا جس سے ادب زیادہ جاندار اور خوبصورت ہو گیا۔ ترقی پسند تحریک کے اثرات زیادہ افسانے اور شاعری پر ہوئے۔ ادب سے دلچسپی رکھنے والا ہر شخص اس بات سے بخوبی واقف ہے کہ ترقی پسند تحریک کے دور میں شعرا اور افسانہ نگاروں کی ہی تعداد بہت زیادہ تھی اور ان ادیبوں نے ترقی پسند تحریک کے اصول و ضوابط پر عمل کرتے ہوئے سماج میں غربت، افلاس، ظلم و ستم، بے انصافی، استحصال، جیسی برائیوں پر کھل کر اظہار بھی کیا ہے۔

ترقی پسند تحریک کے زیر اثر جو بھی ادب تخلیق ہوا ہے، ان تخلیقات کو اردو ادب کی تاریخ کبھی فراموش نہیں کر سکتی ہے۔ گرچہ اس دور کے معدودے چند ہی فنکار ایسے ہیں جن کی تخلیقات ترقی پسند تحریک کی کسوٹی پر پوری اترتی ہیں۔

حواشی:

۱۔ ڈاکٹر انور سدید : اردو ادب کی تحریکیں ابتدا تا ۱۹۷۵ء، کتابی دنیا، دہلی، ۲۰۰۴، ص ۴۶۴-۴۶۵

۲۔ بحوالہ خلیل الرحمان اعظمی: اردو میں ترقی پسند ادبی تحریک، ایجوکیشنل بک ہاؤس، علی گڑھ، ۲۰۰۷، ص ۴۳

۳۔ بحوالہ سجاد ظہیر: روشنائی، سیما پبلی کیشنز، ڈی ڈی اے فلیٹ منیر کا، ۱۹۸۵، ص ۱۱۲

۴۔ ایضاً، ص ۱۶

۵۔ علی سردار جعفری: ترقی پسند ادب، انجمن ترقی اردو (ہند) علی گڑھ ۱۹۵۱، ص ۴۵

۶۔ بحوالہ خلیل الرحمن اعظمی: اردو میں ترقی پسند ادبی تحریک، ایجوکیشنل بک ہاؤس علی گڑھ،

۲۰۰۷،ص ۵۱

۷۔ ایضاً، ص ۵۵

۸۔ ثاقب رزمی: ترقی پسند نظریہ ادب کی تشکیل جدید، آئینہ ادب چوک مینار انار کلی، لاہور، بارِ اوّل، ص،۲۷-۲۸، ۱۹۸۷

۹۔ ڈاکٹر شارب ردولوی: جدید اردو تنقید اصول و نظریات، اترپردیش اردو اکادمی، لکھنؤ، ۲۰۰۲،ص ۴۰

۱۰۔ ہنس راج رہبر: ترقی پسند ادب: ایک جائزہ، آزاد کتاب گھر کلاں محل دہلی، ۱۹۶۷، ص ۱۴۲

۱۱۔ علی سردار جعفری: ترقی پسند تحریک کی نصف صدی، شعبہ اردو دہلی یونیورسٹی دہلی ۱۹۸۷، ص ۹۱

۱۲۔ یوسف مرمست: بحوالہ بیسویں صدی میں اردو ناول، ترقی اردو بیورو، نئی دہلی، ۱۹۹۵، ص ۳۰۵

۱۳۔ ہنس راج رہبر: ترقی پسند ادب ایک جائزہ: آزاد کتاب گھر کلاں محل دہلی ۶، ۱۹۶۷، ص ۱۱۵

۱۴۔ علی سردار جعفری: ترقی پسند ادب، انجمن ترقی اردو ہند علی گڑھ، ۱۹۵۱، ص ۸۲

۱۵۔ عزیز احمد: ترقی پسند ادب، چمن بک ڈپو اردو بازار، دہلی، ص ۲۷-۲۸

۱۶۔ انور پاشا: ترقی پسند اردو ناول ۱۹۳۶ تا ۱۹۴۷، پیش رو پبلی کیشنز، ذاکر نگر، نئی دہلی ۱۹۹۰، ص ۶۲-۶۳

* * *

ترقی پسند تحریک: پس منظر و مقاصد

-

۱۹۳۵ء میں اردو ادب میں ایک نئی تحریک نے جنم لیا اور ترقی پسند تحریک کے نام سے مشہور ہوئی ابتداء میں اس تحریک کا پر جوش خیر مقدم ہوا۔

پس منظر

۱۹۱۷ء میں روس میں انقلاب کا واقعہ، تاریخ کا ایک بہت ہی اہم واقعہ ثابت ہوا۔ اس واقعہ نے پوری دنیا پر اثرات مرتب کئے۔ دیگر ممالک کی طرح ہندوستان پر بھی اس واقعہ کے گہرے اثرات پڑے اور ہندوستان کی آزادی کے لیے جدوجہد میں تیزی آئی۔ دوسری طرف ہندو مسلم اختلاف میں اضافہ ہوا۔ ان حالات اور سیاسی کشمش کی بدولت مایوسی کی فضا چھانے لگی، جس کی بنا پر حساس نوجوان طبقہ میں اشتراکی رجحانات فروغ پانے لگے۔ شاعر اور ادیب ٹالسٹائی کے برعکس لینن اور کارل مارکس کے اثر کو قبول کرنے لگے۔ جبکہ روسی ادب کا بنیادی فلسفہ یہ تھا کہ مذہبکی حیثیت افیون کی سی ہے۔ مذہب باطل تصور ہے۔ انسان کا سب سے بڑا مسئلہ معاش ہے۔ اس طرح اس ادب کی رو سے سب سے بڑا مذہب انسانیت ہے اور ادب کا کام مذہب سے متنفر کر کے انسانیت میں اعتقاد پیدا کرنا ہے۔ اس طرح یہ نظریات ترقی پسند تحریک کے آغاز کا سبب بنے۔

دوسری طرف ۱۹۲۳ء میں جرمنی میں ہٹلر کی سرکردگی میں فسطائیت نے سر اُٹھایا،

جس کی وجہ سے پورے یورپ کو ایک بحران سے گزرنا پڑا۔ ہٹلر نے جرمنی میں تہذیب و تمدن کی اعلیٰ اقدار پر حملہ کیا۔ بڑے بڑے شاعروں اور ادیبوں کو گرفتار کر لیا۔ ان شعراء و ادباء میں آئن سٹائن اور ارنسٹ ووکر بھی شامل تھے۔ ہٹلر کے اس اقدام پر جولائی ۱۹۳۵ء میں پیرس میں بعض شہرہ آفاق شخصیتوں مثلاً روماں رولاں، ٹامس مان اور آندر مالرو نے ثقافت کے تحفظ کے لیے تمام دنیا کے ادیبوں کی ایک کانفرنس بلالی۔ اس کانفرس کا نام تھا:

The world congress of the writers for the defence of culture.

ہندوستان سے اگرچہ کسی بڑے ادیب نے اس کانفرس میں شرکت نہیں کی البتہ سجاد ظہیر اور ملک راج آنند نے ہندوستان کی نمائندگی کی۔ اس طرح بعد میں سجاد ظہیر اور ملک راج آنند نے کچھ دیگر ہندوستانی طلبا کی مدد سے جو لندن میں مقیم تھے۔ "انجمن ترقی پسند مصنفین" کی بنیاد رکھی۔ اس انجمن کا پہلا جلسہ لندن کے نانکنگ ریستوران میں ہوا۔ جہاں اس انجمن کا منشور یا اعلان مرتب کیا گیا۔ اس اجلاس میں جن لوگوں نے شرکت کی ان میں سجاد ظہیر، ملک راج آنند، ڈاکٹر جیوتی گھوش اور ڈاکٹر دین محمد تاثیر وغیرہ شامل تھے۔ انجمن کا صدر ملک راج آنند کو منتخب کیا گیا۔ اس طرح انجمن ترقی پسند مصنفین جو ترقی پسند تحریک کے نام سے مشہور ہوئی وجود میں آئی۔

مقاصد

ترقی پسند تحریک نے اپنے منشور کے ذریعے جن مقاصد کا بیان کیا وہ کچھ یوں ہیں:

فن اور ادب کو رجعت پرستوں کے چنگل سے نجات دلانا اور فنون لطیفہ کو عوام کے قریب لانا۔

ادب میں بھوک، افلاس، غربت، سماجی پستی اور سیاسی غلامی سے بحث کرنا۔

واقعیت اور حقیقت نگاری پر زور دینا۔ بے مقصد روحانیت اور بے روح تصوف پرستی سے پرہیز کرنا۔

ایسی ادبی تنقید کو رواج دینا جو ترقی پسند اور سائینٹیفک رجحانات کو فروغ دے۔

ماضی کی اقدار اور روایات کا از سر نو جائزہ لے کر صرف ان اقدار اور روایتوں کو اپنانا جو صحت مند ہوں اور زندگی کی تعمیر میں کام آسکتی ہوں۔

بیمار فرسودہ روایات جو سماج و ادب کی ترقی میں رکاوٹ ہیں ان کو ترک کرنا وغیرہ۔

نیز لندن کی تجاویز یہ تھیں۔۔۔

(۱) ہندوستان کے مختلف لسانی صوبوں میں ادیبوں کی انجمنیں قائم کرنا۔ ان انجمنوں کے درمیان اجتماعوں اور پمفلٹوں وغیرہ کے ذریعہ ربط و تعاون پیدا کرنا، صوبوں کی، مرکز کی اور لندن کی انجمنوں کے درمیان قریبی تعلق پیدا کرنا۔

(۲) ان ادبی جماعتوں سے میل جول پیدا کرنا جو اس انجمن کے مقاصد کے خلاف نہ ہوں۔

(۳) ترقی پسند ادب کی تخلیق اور ترجمہ کرنا جو صحت مند اور توانا ہو جس سے ہم تہذیبی پسماندگی کو مٹا سکیں اور ہندوستانی آزادی اور سماجی ترقی کی طرف بڑھ سکیں۔

(۴) ہندوستانی کو قومی زبان اور انڈورومن رسم خط کو قومی رسم خط تسلیم کرنے کا پرچار کرنا۔

(۵) فکر و نظر اور اظہار خیال کی آزادی کے لیے جدوجہد کرنا۔

(۶) ادیبوں کے مفاد کی حفاظت کرنا، عوامی ادیبوں کی مدد کرنا جو اپنی کتابیں طبع کرانے کے لیے امداد چاہتے ہوں۔

اس مینی فسٹو کو ہندوستان میں سب سے پہلے پریم چند نے خوش آمدید کہا اور اسے اپنے رسالہ "ہنس" میں شایع کر کے ایک اداریہ لکھا جس میں ان مقاصد کی حمایت کی اور کہا کہ یہ ہمارے ادب میں ایک نئے دور کا آغاز ہے۔

(بحوالہ: رسالہ 'ہنس' شمارہ: اکتوبر ۱۹۳۵ء)

مقبولیت

ترقی پسند تحریک کے مذکورہ بالا مقاصد سے ایسا ظاہر ہوتا تھا کہ جس سے کسی کو بھی اختلاف نہیں ہو سکتا تھا۔ یہی وجہ ہے کہ اس تحریک کے منشور کے منظر عام پر آتے ہی اس کا خیر مقدم کیا گیا۔ چنانچہ ہندوستان میں سب سے پہلے مشہور ادیب اور افسانہ نگار منشی پریم چند نے اسے خوش آمدید کہا۔ علامہ اقبال اور ڈاکٹر مولوی عبدالحق جیسے حضرات نے اس تحریک کی حمایت کی اور اس تحریک کے منشور پر دستخط کرنے والوں میں منشی پریم چند، جوش، ڈاکٹر عابد حسین، نیاز فتح پوری، قاضی عبدالغفار، فراق گورکھپوری، مجنوں گورکھپوری، علی عباس حسینی کے علاوہ نوجوان طبقہ میں سے جعفری، جاں نثار اختر مجاز، حیات اللہ انصاری اور خواجہ احمد عباس کے نام قابل ذکر ہیں۔

ترقی پسند تحریک مختصراً

برّ صغیر کے ادبی، سماجی و سیاسی زندگی میں "ترقی پسند تحریک" کی تاریخی حیثیت ہے۔ مسلم شمیم ایڈووکیٹ کی اس تحریک سے وابستگی ہے۔ گہرے مطالعے کے حامل ہیں انہوں نے اس تحریک سے متعلق جو لکھا وہ کچھ یوں ہے۔

محمدؐ حُسین آزاد فکری طور پر سیکولر خیالات کے حامی تھے

۱۹۳۵ء میں ترقی پسند تحریک کا پہلا مینی فسٹو تیار کیا گیا۔

یورپ میں پہلی جنگِ عظیم کے ایک عشرے کی بعد ۱۹۲۹ء میں کساد بازاری سے پیدا شدہ بحران اور فاشزم کی یلغار نے دُنیا بھر کے ادیبوں کو اپنی طرف متوجہ کیا۔ اُس وقت نہ صرف یورپ بلکہ امریکا میں بھی ترقی پسند فکر رکھنے والے ادیبوں کے گروپ وجود میں آرہے تھے۔ ۱۹۳۳ء میں جرمنی میں ہٹلر کے برسرِ اقتدار آنے کے بعد فاشزم کے بڑھتے ہوئے خطرات نے ساری دنیا کے روشن خیال اور انسان دوست ادیبوں کو چونکا

دیا تھا، چنانچہ جولائی ۱۹۳۵ء میں پیرس کے مقام پر کلچر کے تحفّظ کے لیے تمام دنیا کے ادیبوں کی ایک کانفرنس بلائی گئی۔ یہ پہلا موقع تھا کہ جب دنیا کے وہ سارے ادیب ایک تحریک کی شکل میں متحد ہو گئے جو ترقی پسند خیالات رکھتے تھے۔ اُنھوں نے اس کانفرنس میں یہ طے کیا کہ ادیب و شاعر کو اپنے ذاتی نہاں خانوں سے نکال کر انسانوں کے اجتماعی مفاد اور تہذیب و ثقافت کی اعلیٰ اقدار کے تحفظ کے لیے رُجعت پسند قوتوں کے مقابل آنا چاہیے اور اپنے فن کو انسانیت کی خدمت کے لیے وقف کر دینا چاہیے۔

اس قومی اور بین الاقوامی پس منظر کو پیشِ نظر رکھتے ہوئے ترقی پسند تحریک کے معترضین کا یہ کہنا کہ ترقی پسند ادب کی تحریک باہر سے ایکسپورٹ ہو کر آئی، بالکل بے بنیاد تھا، کیونکہ سجاد ظہیر وغیرہ کے ہندوستان آنے سے قبل ہی اس تحریک کے لیے فضا ساز گار ہو چکی تھی کہ بلکہ خاصی پیش رفت ہو چکی تھی۔ جوشؔ کی شاعری میں سرمایہ دار ملائیت اور جاگیر داروں کے خلاف اور خرد افروزی کے حق میں غیر مبہم اظہار اور اقبالؔ کے یہاں ترقی پسندانہ رُجحانات، ترقی پسند تحریک کی آمد کی جانب اشارہ ہیں، پھر "انگارے" کی اشاعت جس میں پروفیسر احمد علی اور ڈاکٹر رشید جہاں وغیرہ کی کیا کہانیاں شامل تھیں۔ اختر حسین رائے پوری کے مضمون 'ادب اور زندگی' کی اشاعت مجنوںؔ گورکھپوری اور نیاز فتح پوری کی تحریریں ترقی پسند ادبی تحریک کے ارتقائی سفر کے اہم ترین مراحل اور سنگِ میل کی حیثیت رکھتی تھی۔

لندن میں ہندوستانی ترقی پسندوں نے ۱۹۳۵ء میں اپنی تحریک کا جو پہلا مینی فسٹو تیار کیا تھا، اُس پر ڈاکٹر ملک راج آنند، سجاد ظہیر، ڈاکٹر جتوئی گھوش، شاکٹر کے ایس بھٹ، ڈاکٹر ایس تنہا اور ڈاکٹر محمد دین تاثیر کے دستخط تھے۔ اُس مینی فسٹو کا متن آج بھی اپنی معنویت کا حامل ہے:

"ہندوستانی سماج میں بڑی بڑی تبدیلیاں ہو رہی ہیں، پرانے خیالات اور معتقدات کی جڑیں پھیلتی جا رہی ہیں اور ایک نیا سماج جنم لے رہا ہے ہندوستانی ادیبوں کا فرض ہے کہ وہ ہندوستانی زندگی میں ہونے والے تغیّرات کو الفاظ اور ہیئت کا لباس دیں اور ترقی کے راستے پر لگانے میں مدد و معاون ہوں ہندوستانی ادب قدیم تہذیب کی تباہی کے بعد زندگی کی حقیقتوں سے بھاگ کر رہبانیت اور بھگتی کی پناہ میں جا چھُپا ہے۔ نتیجہ یہ ہے کہ وہ بے روح اور بے اثر ہو گیا ہے ہیئت میں بھی اور معنی میں بھی، اور آج ہمارے ادب میں بھگتی اور ترکِ دُنیا کی بھرمار ہو گئی ہے، جذبات کی نمائش عام ہے، عقل و فکر کو یکسر نظر انداز بلکہ رد کر دیا گیا ہے۔ پچھلی دو صدیوں میں بیش تر اسی طرح کے ادب کی تخلیق عمل میں آئی ہے جو ہماری تاریخ کا انحطاطی دور ہے۔ اس انجمن کا مقصد یہ ہے کہ اپنے ادب اور دوسرے فنون کو پجاریوں اور پنڈتوں اور دوسرے قدامت پرستوں کے اجارے سے نکال کر انہیں عوام سے قریب تر لایا جائے۔ انہین زندگی اور واقعیت کا آئینہ دار بنایا جائے جس سے ہم اپنا مستقبل روشن کر سکیں۔ ہم ہندوستان کی تہذیبی روایات کا تحفظ کرتے ہوئے اپنے ملک کے انحطاطی پہلوؤں پر بڑی بے رحمی سے تبصرہ کریں گے اور تخلیقی و تنقیدی انداز سے اُن سبھی باتوں کی مصوّری کریں گے جن سے ہم اپنی منزل تک پہنچ سکیں۔ ہمارا عقیدہ ہے کہ ہندوستان کے لیے ادب کو ہماری تمام موجودہ زندگی کی بنیادی حقیقتوں کا احترام کرنا چاہئے اور وہ ہے ہماری روٹی کا، بد حالی کا، ہماری سماجی پستی کا اور سیاسی غلامی کا سوال ہم اُسی وقت ان مسائل کو سمجھ سکیں گے اور ہم میں انقلابی روح بیدار ہو گی۔ وہ سب کچھ جو ہمیں انتشار، نفاق اور اندھی تقلید کی طرف لے جاتا ہے قدامت پسندی ہے اور وہ سب کچھ جو ہم میں تنقیدی صلاحیت پیدا کرتا ہے جو ہمیں اپنے عزیز روایات کو بھی عقل و ادراک کی کسوٹی پر پرکھنے کے لیے اُکساتا ہے، جو ہمیں صحت مند

بناتا ہے اور ہم میں اتحاد اور یک جہتی کی قوت پیدا کرتا ہے، اُسی کو ہم ترقی پسند کہتے ہیں۔"

اِس تاریخی اہمیت کے مسودے کے حوالے سے سجاد ظہیر نے انجمن پسند مصنّفین کے قیام و تنظیم کے لیے ہندوستان کی بیش تر زبانوں کے ادیبوں سے رابطہ قائم کیا اور اس منشور پر دستخط حاصل کیے نتیجتاً ۹ اپریل ۱۹۳۶ء کو لکھنؤ میں وہ تاریخ ساز کانفرنس منعقد ہوئی جس سے ہندوستانی ادبیات کی تاریخ میں ایک نئے عہد کا آغاز ہوا۔ اس کانفرنس کے صدر منشی پریم چند نے اپنے صدارتی خطبے میں ترقی پسند ادبی تحریک کی نوعیت اور مقاصد سے آگاہ کرتے ہوئے بتایا کہ اچھے ادب کی بنیاد سچائی، حسن، آزادی اور انسان دوستی پر ہی قائم ہو سکتی ہے:

"جس ادب سے ہمارا ذوق صحیح نہ ہو، روحانی اور ذہنی تسکین نہ ملے، ہم میں قوّت اور حرکت پیدا نہ ہو، ہمارا جذبۂ حُسن نہ جاگے، جو ہم میں سچا ارادہ اور مشکلات پر فتح پانے کے لیے سچا استقلال نہ پیدا کرے، وہ آج ہمارے لیے بے کار ہے، اُس پر ادب کا اطلاق نہیں ہو سکتا۔"

منشی پریم چند کے خطبے کے یہ اختتامی جملے آج بھی ادب و زندگی اور ادب اور سماج کے باہمی رشتوں کی بہترین توجیہ و تفسیر ہیں:

" ہماری کسوٹی پر وہ ادب کھرا اترے گا جس میں نور ہو، آزادی کا جذبہ ہو حسن کا جوہر ہو، روح ہو، زندگی کی حقیقتوں کی روشنی ہو، جو ہم میں حرکت" ہماری کسوٹی پر وہ ادب کھرا اترے گا جس میں نور ہو، آزادی کا جذبہ ہو حسن کا جوہر ہو، روح ہو، زندگی کی حقیقتوں کی روشنی ہو، جو ہم میں حرکت ہنگامہ اور بے چینی پیدا کرے، سلائے نہیں کیونکہ اب اور زیادہ سونا موت کی علامت ہو گی۔"

کانفرنس میں ترقی پسند مصنّفین کا اعلان بھی پیش کیا گیا اور اتفاقِ رائے سے منظور ہوا۔ اُس اعلان نامے اور اُس کے متن کا مسودہ شروع میں لندن میں تیار ہوا تھا اور جس پر اُس وقت تک کے ہندوستانی ادیبوں سے دستخط لیے گئے تھے، صرف چند لفظوں کا فرق تھا۔

ترقی پسند تحریک نے ہم کو ادب کا عرفان عطا کیا اور ہمارے ذہنوں کی تہذیب کی۔ اُس نے نہ صرف ہمیں ایک نئے تصوّرِ فن سے آگاہ کیا بلکہ ہماری نشوونما کو ایک تازہ طرزِ فکر سے بھی نوازا اور ایک نیا طرزِ احساس بخشا۔ اِس تحریک نے نئی تشریحوں اور تاویلوں سے ادب کے بارے میں چند بنیادی باتوں کا جواب ہمیں اپنے آغازِ سفر میں دے دیا تھا جو کچھ اس طرح کے تھے کہ ادب صرف حسن کی تخلیق ہی نہیں، حقیقت کی تعبیر بھی ہے، ادب صرف تخیّل کی رنگ سازی ہی نہیں، واقعیت کی میناکاری بھی ہے، ادب محض فراہمیِ مسرت و انبساط کا ذریعہ ہی نہیں، تشہیرِ افکار و خیالات بھی ہے، ادب محض انفرادی دریافت ہی نہیں، سماجی شعور کا عطیہ بھی ہے، ادب ناکامیوں اور نامرادیوں کا نوحہ بھی ہے، خوشیوں اور زندہ اور دھڑکتے ہوئے خوابوں کا گہوارہ بھی ہے اور ادب عافیت کوشی کی مدھم لوری ہی نہیں، احتجاج کا بلند نعرہ بھی ہے۔ ترقی پسند ادب انسانی آبادی کا ادب ہے، انسانی مقدر پر استحصالی قوتوں کی عمل داری کے خلاف ادب ہے۔ یہ غیر جانب دار ادب نہیں ہے کہ اپنا رُخ زندگی گریز رجحانات کی جانب منعطف کر کے دعویٰ کرے کہ ادب اجتماعیت پسندی پر یقین نہیں رکھ سکتا کہ اس طرح فن کار کی انفرادیت مجروح ہو جاتی ہے۔ انفرادیت کا تانا بانا تاریخ کی پُر اسرار قوتوں سے جا ملتا ہے جو جبریت (Fatalism) کے نظریے کو جنم دیتی ہیں جبکہ ترقی پسند ادب تاریخ کی پُر اسرار قوتوں کے بجائے جدلیاتی مادّیت پر قائم ایک ایسا سماجی نظام سامنے لایا جس نے کچلے

ہوئے عوام کو اپنی توجہ کا مرکز اور طاقت کا منبع قرار دیا۔ نہ صرف یہ بلکہ اس نظام نے ایک ملک کے کچلے ہوئے عوام کو دوسرے ممالک کے کچلے ہوئے عوام کے ساتھ ایک ایسی لڑی میں پرو دیا جو ناگزیر طور پر ایک دوسرے کی معاونت کرتی ہے۔ اس نئے سماجی نظام نے نظریۂ علم ہی کو یکسر تبدیل کرکے رکھ دیا ہے۔ اس نظریے کے تحت علم پُر اسرار قوتوں پر فتح پانے کا وسیلہ بن گیا ہے۔ ادب بھی لازمی طور پر علم اور عمل کے اس انطباقِ کلّی میں ایک ایسا فریق بن چکا ہے جو زندگی کی تفہیم اور اُس کی بنیاد پر زیادہ موثر کردار ادا کرتا ہے۔ ترقی پسند ادب کی ضرورت اور اہمیت ہمارے سماج کے لیے اُتنی ہی بنیادی ہے جس قدر آزادی اور معاشی انصاف کی، ترقی پسند ادب طبقاتی مراعات کا نظریاتی اعتبار سے مخالف ہے۔ وہ ایسی تبدیلی اور ترقی کا خواہاں ہے جو ان مراعات کو ختم کرنے والی ہو۔ یہ انسان دوست ادب ہے۔ یہ ایسی تبدیلی اور ترقی کا حامی ہے جو انسان کے درمیان استحصالی رشتوں کو ختم کرنی والی ہو، اُنہیں مستحکم کرنے والی نہ ہو۔ آج کی سرمایہ دارانہ کثیر الاقوامی کمپنیاں بھی ترقی اور تبدیلی لائی ہیں لیکن ایسی ترقی اور تبدیلی جو تمام انسانوں کے درمیان استحصالی رشتوں کو مضبوط اور مستحکم کرنے والی ہوتی ہے۔ ایسی ترقی اور تبدیلی آج نو آزاد ممالک کے عوام کے لیے زبردست لعنت بنی ہوئی ہے۔ کوئی انسان دوست ادب ایسی ترقی اور تبدیلی کا استقبال نہیں کرے گا، کیونکہ ترقی پسند ادب کی نظریاتی بنیاد ہی اس پر قائم ہے کہ تبدیلی اور ترقی انسانیت کے لیے رحمت اور اطمینان اور سکون کا باعث ہو زحمت، اضطراب اور انسان کے درمیان بے گانگی کی موجب نہ ہو۔

ترقی پسند تحریک اور ادب پر تنقید اور اعتراضات کا سلسلہ اِس تحریک کے آغاز سے چل رہا ہے اور جاری و ساری ہے۔ پہلے ادب میں مقصدیت پر اعتراض ہوا۔ اُس کے بعد ترقی پسندی پر پروپیگنڈے کا بہتان تراشا گیا۔ جنس پرستی اور فحش نگاری بھی ہمارے

کھاتے میں ڈالی گئی اعتراضات کبھی فن کے حوالے سے کیے گئے، کبھی اخلاقی اقدار کے حوالے سے اور کبھی ہنگامی موضوعات کے حوالے سے۔ ترقی پسند تحریک پر حملے کی ابتدا کلکتہ کے نیم سرکاری انگریز سرمایہ داروں کے اخبار "اسٹیٹس مین" میں قسط وار دو طویل و عریض مضامین سے ہوتی تھی جو بقولِ سجاد ظہیر یہ مضامین حکومتِ ہند کے سینٹرل انٹیلی جنس بیورو میں لکھے گئے تھے۔ بعد میں نو آبادیاتی ذرائع ابلاغ کی جگہ جدید نو آبادیاتی ذرائعِ ابلاغ نے لے لی اور آج منظّم رجعت پرستی کی سب سے بڑی قوت امریکی سامراج نے اِس مہم کی سرپرستی قبول کرلی ہے اور اپنے بین الاقوامی حلیفوں اور مقامی وظیفہ خواروں کے ذریعے ترقی پسند تحریک اور ادب کو نت نئے پہلوؤں سے حرفِ ملامت بنانے کا عمل جاری رکھے ہوئے۔ بقول جناب علی سردار جعفری " بات در اصل یہ ہے کہ ہمارے معترضین کے لیے وجہِ شکایت ہماری شاعری نہیں بلکہ ہمارا فلسفۂ زیست رہا ہے۔"

ترقی پسندی کے معترضین نے اگر ایک طرف اسالیب کے سلسلے میں ترقی پسندی کو ایک فارمولائی ادب قرار دے کر رد کر دیا تو دوسری طرف ایک نیا فارمولا بنادیا اور فن سے توقع کی کہ اُس کے مطابق ڈھلتا چلا جائے۔ یہ فارمولا عرفانِ ذات اور اظہارِ ذات، زمانے سے بے گانگی ترسیل کی ناکامی اور ادب کی مطلق خود مختاری کا تھا۔ یہ خوش گمانی کہ ہم زمانے سے نرالے ہیں اس لیے آپس سے بلند بھی ہیں، نہ جانے کتنے ذہنوں کا زہر بن گئی۔ عرفانِ ذات اور اظہارِ ذات کے واسطے سے فکری وجودیت اور جدیدیت کے فلسفے اور نظریات کو ترقی پسندی کے مدِ مقابل لایا گیا جو در اصل یورپ کے اُس تباہ کن دور کی پیداوار ہے جب باہمی جنگوں اور تباہ کاریوں نے دانش وروں کے ایک حلقے میں مایوسی کی لہر دوڑادی اور اُن تباہ کن حالات کو ابدی اور ازلی تصوّر کرلیا گیا جن کو بدلنا ناممکن سمجھا گیا۔

مغربی یورپ کی حدتک نظریۂ بیزاری کی عمومی فضانے وجودیت، مجہول انفرادیت اور نراجیت کو جدیدیت کے نام پر فروغ دیا۔ لسانی اور مابعدِ نظریات سائنس اور Neorealism کی اصطلاحات کے تحت پھیلائے گئے۔ خواب آور فلسفے مرض الموت میں مبتلا سامراجی نظامِ فکر کی دَین ہیں۔ ہمارے یہاں بھی بعض ادیبوں نے اُن کی پیروی کی اور نو آزاد ممالک کے طاقت ور اور توانا ادب کی طرف زیادہ رغبت نہیں دکھائی۔ صرف ترقی پسند ادیب اس افتاد سے محفوظ رہے اور اُنہوں نے نو آزاد ممالک کی ادبی تحریکوں سے نہ صرف رشتہ برقرار رکھا بلکہ اُنہیں مزید مضبوط کیا۔ مغربی یورپ اور شمالی امریکا کے بعض اہم ادیبوں نے ادب کی قلم رَو سے انسان کی جلاوطنی پر جس شدومد سے اصرار کیا تھا ادب کو چیستاں بنانے پر زور دیا اس کا صرف ترقی پسند ادیبوں نے مقابلہ کیا۔ انھوں نے مواد اور ہیئت کی بحث میں مواد اور ہیئت کے امتزاج پر زور دیا اور ادب کی خود مختاری کے بورژو ادیب مغربی یورپ کے زوال آمادہ ادب کی جانب دیکھ رہے تھے۔ اُس زمانے میں ترقی پسند نظریۂ ادب کے خلاف پُرزور مزاحمت کی۔ جس زمانے میں جنوبی ایشیا کے رجعت پسند ادیبوں نے اپنے لیے لاطینی امریکا اور افریقا کے ترقی پسند ادب کو منارۂ نور بنایا۔ اُنہوں نے نو آبادیاتی ذہن سے گلوخلاصی حاصل کرتے ہوئے بر صغیر کی خارجی اور سماجی حقیقتوں کو خاطر خواہ اہمیت دی، یہی وجہ ہے کہ آج بھی ترقی پسند ادب کی اخلاقی اور سیاسی اساس اس صدی کی تیسری دہائی کی طرح رجائیت اور شرفِ انسانیت پر استوار ہے۔

اس تاریخی پس منظر اور تناظر میں ترقی پسند تحریک کے مستقبل کے باب میں میری رجائیت اور آرزوئیں نہ تو معنویت سے خالی ہیں اور نہ ضرورت سے بے گانہ۔ ترقی پسند تحریک نے انقلابِ اکتوبر ۱۹۱۷ء سے بالیدگی حاصل کی تھی اور ترقی پسند تحریک کا آدرش

اسی انقلاب سے عبارت ہے۔ دُنیا کو تبدیل کرنے کا مارکسی فلسفہ اُس وقت تک ہمارے لیے معنویت کا حامل رہے گا جب تک انسان کے ہاتھوں انسان کا استحصال ہو تا رہے گا اور جبر وجور اور عدمِ مساوات کی عمل داری قائم رہے گی۔ دنیا کو جبر وجور، عدمِ مساوات اور استحصال سے پاک دیکھنے کا خواب ہمارے آدرش اور ہماری تخلیقیت کا سرچشمہ رہے گا۔ ہمیں معلوم ہے کہ یہ خواب کلیۃً کبھی شرمندۂ تعبیر نہ ہو گا اور انسان کے ہاتھوں انسان کا استحصال کسی نہ کسی روپ میں جاری رہے گا مگر ہم اپنے اِس خواب کو اپنی حسّیت، طرزِ احساس اور تخلیقیت کے جذبے سے جدا نہیں کرسکتے ترقی پسند تحریک اِسی خواب کے ساتھ ہمیشہ زندہ رہے گی۔

***

ترقی پسند تحریک

انور جلال

۱۵اپریل۱۹۳۶کو لکھنو میں ادیبوں اور شاعروں کی ایک کانفرنس ہوئی تھی جس کی صدارت نامور افسانہ نگار منشی پریم چند نے تھی۔ اس کانفرنس سے اردو ادب کی ایک بڑی تحریک کا باقاعدہ آغاز ہوا جو متنازعہ بھی تھی اور جاندار بھی یہ ترقی پسند تحریک تھی۔ لکھنو کے متذکرہ کانفرنس ایک اعلامیہ کی بنیاد پر منعقد ہوئی تھی جو اس سے پہلے لندن میں مقیم نوجوان ہندوستانی ادیبوں اور طالب علموں (سجاد ظہیر، ملک راج آنند، ڈاکٹر محمد دین تاثیر، سین گپتا وغیرہ) کی قائم کردہ انجمن ترقی پسند مصنفین کا تیار کردہ تھا۔ انجمن کے اس اعلان نامہ پر ہندوستان کے کئی بڑے ادیبوں نے دستخط کیے تھے۔

لکھنو کی پہلی کانفرنس کے بعد سے یہ تحریک بڑی تیزی سے پھیلنے لگی اردو کے بڑے ادیبوں اور شاعروں مثلاً پریم چند۔ جوش ملیح آبادی، حسرت موہانی، مولوی عبدالحق، ڈاکٹر عابد حسین، نیاز فتح پوری، قاضی عبدالغفار، فراق گورکھپوری، مجنوں گورکھپوری، علی حسین عباسی اور ساغر نظامی اس کے موئد اور رہنما تھے۔

انجمن کی دوسری کانفرنس کلکتہ ۱۹۳۸ میں ہوئی جس کی افتتاح "رابندر ناتھ ٹیگور" کے خطبے سے ہوا۔ ترقی پسند تحریک کی منفرد خصوصیت یہ تھی کہ پہلی بار ہندوستان میں ادب کو ایک منشور کے تابع کیا گیا (انجمن کا اعلان نامہ اس کا منشور ٹھہرایا گیا) کسی ادبی

تحریک کو یوں مقاصد کے زیر تابع بنانا ایک نیا انداز فکر تھا۔

تحریک کے منشور کے مطابق ان کے مقاصد کچھ اس طرح تھے۔ نئ تبدیلی کا اظہار، سائنسی عقلیت کا فروغ، رجعت پسندوں کے چنگل سے ادب کی گلو خلاصی اور اس کو عوام کے قریب لا کر زندگی کی عکاسی اور مستقبل کی تعمیر کا موثر ذریعہ بنانا، زندگی کے بنیادی مسائل مثلاً بھوک، افلاس، جہالت سماجی پستی، اور غلامی کو موضوعات بنانا وغیرہ۔

پہلی کانفرنس میں اپنے خطبہ صدارت میں منشی پریم چند نے ادب کا اصل مقصد کچھ یوں بیان کیا تھا۔ "جس ادب سے ہمارا ذوق صحیح بیدار نہ ہو، روحانی اور ذہنی تسکین نہ ملے۔ ہم میں قوت و حرکت بیدار نہ کرے ہمارا جذبہ حسن نہ جاگے۔ جو ہم میں سچا ارادہ اور مشکلات پر فتح پانے کے لیے سچا استقلال نہ پیدا کرے وہ آج ہمارے لیے بیکار ہے۔ اس پر ادب کا اطلاق نہیں ہو سکتا ہے۔

انجمن کے اہم اعلانات کے مطابق ترقی پسند نظریہ کے اہم اصول درجہ ذیل تھے۔

ا۔ ادب کو زندگی کے لیے مفید ہونا چاہیے۔

۲۔ ادب کو آزادی اور ترقی کی قوتوں کا ساتھ دینا چاہیے۔ اور جبر و استحصال کے خلاف صف آراء ہونا چاہیے

۳۔ ادب کو نئے امکانات جذب کرنے کے قابل ہونا چاہیے۔

۴۔ اسلوب، ہیئت اور موضوع کے اعتبار سے جدت کا حامی ہونا چاہیے۔

۵ ادب کو انسانیت کا ترجمان اور ہمدرد ہونا چاہیے۔

٦۔ ادب میں سچائی حقیقت اور عقلی صداقتوں کی ترجمانی ہونی چاہیے۔

تحریک کے مذکور مقاصد اور اصول اپنی جگہ اہم، معقول اور قابل قبول تھے گو تحریک نظریاتی اعتبار سے اشتراکیت کے لئے نرم گوشہ رکھتی تھی جو اس کے متنازعہ

ہونے کا ایک سبب بھی بنی۔ تاہم عصر کی اصلی روح نے اس کا ساتھ دیا اور اس کے بنیادی عقائد یا تصورات کو دانستہ یا نا دانستہ قبول کیا گیا۔ معاشی مساوات، انسانیت دوستی، ماضی کے بجائے حال پر توجہ کا رجحان، پرانی تہذیبی اقدار کے بجائے نئی اقدار میں دلچسپی عام ہو رہی تھی اور برصغیر میں اس کا اثر پڑ رہا تھا۔ پس منظر میں سرسید تحریک کا ادبی ورثہ بھی موجود تھا۔

تحریک اپنے آغاز سے بڑی تیزی سے پھیلنے لگی تھی۔ اس کی ایک بڑی وجہ یہ تھی کہ اس نے زندگی اور عوام سے رشتہ جوڑا تھا۔ اس کے علاوہ اس کی سامراج دشمنی اور جمہوریت پسندی ایسے عناصر تھے جن پر اکثر ہندوستانیوں کو اتفاق تھا۔ اپنے وقت کے نامور ادباء اور شعراء کی تائید اور حمایت حاصل تھی۔

ڈاکٹر سید عبداللہ نے لکھا ہے کہ ترقی پسند تحریک سرسید تحریک کے بعد اردو ادب کا سب سے پرجوش اور تخلیقی مظاہرہ تھا۔ جس نے اپنے برگ و بار کے اعتبار سے بڑا گراں بہا سرمایہ پیدا کیا اور شعور کے لحاظ سے زندگی کی بعض ان بصیرتوں کا ادراک کیا اور کرایا جو سماجی حقائق اور عمرانی تقاضوں کے عین مطابق تھیں۔

ترقی پسندوں نے سرسید کی عقلیت اور مقصدیت کو زیادہ واضح اور مستحکم کر کے زندگی کا مکمل ترجمان قرار دیا۔ تاہم اپنی مقبولیت، وسعت اور افادیت کے باوجود تحریک کو مخالفت کا سامنا بھی کرنا پڑا۔ انگریز سرکار کے عناد کے تو اپنے اسباب تھے لیکن بعض ملکی حلقے بھی تحریک کی مخالفت پر اتر آئیں۔ تحریک کے بارے بعض وجوہات کی بنا غلط فہمیاں بھی پھیل گئیں تھیں مثلاً یہ کہ

ا) تحریک پرانے تہذیبی اور ادبی ورثے کو مٹا رہی۔

ب) مادیت پرستی کی علمبردار۔

ج) جدیدیت کے لبادے میں غیر ملکی تہذیب کی پرچارک ہے۔
د) روسی اشتراکیت کی مبلغ ہے۔
ر) حقیقت نگاری کے بہانے عریانی اور بد اخلاقی پھیلا رہی ہے۔
ز) تخلیقی جدت کے نام پر ادبی روایات کو ملیامیٹ کر رہی ہے۔

مذکورہ الزامات کو وزن دار بنانے میں تحریک کے بعض رجحانات کا بھی حصہ تھا۔ پہلا یہ کہ تحریک کے آغاز میں ترقی پسندی کے جوش میں ماضی سے یکسر رشتہ منقطع کرنے کا رجحان نمایاں تر تھا۔ دوسرا یہ کہ گو تحریک ادبی تھی لیکن ابتداء سے ان میں سیاست کا عنصر بھی شامل ہو گیا تھا جس کی وجہ سے خالص تخلیقی ادیب تحریک سے کٹتے گئے۔

اگرچہ تحریک کے بانیوں سجاد ظہیر اور علی سردار جعفری نے وضاحت کی کہ ہر نئے ادب کو ترقی پسند سمجھنا تحریک کو بدنام کرنے کی کوشش ہے مگر اس سلسلے میں ترقی پسند رہنماؤں کی اپنی غلطیاں بھی تھیں۔ ان کے بعض لکھاریوں کی تحاریر میں غیر معتدل بلکہ تخریبی انداز اختیار کیا جاتا تھا۔ اس کے علاوہ بعض موقعوں پر فحاشی اور عریانی کے مظاہرے بھی شدت سے ہوتے رہے۔ تحریک کے بڑے رہنماؤں نے ان رجحانات کے خلاف رد عمل کا احساس کیا اور ترقی پسندی کو معقول راستے پر ڈالنے کی کوشش کی۔ انہوں نے تخریبی اور غیر صحت مندانہ رجحانات کا پرچار کرنے والے ادباء کو تحریک سے غیر متعلق قرار دیا اور کلاسیکی ادب، قومی تہذیب اور روحانی روایات میں دلچسپی لینے لگے۔

تحریک اور ادبی اصناف۔

ترقی پسند تحریک کے تحت اصناف ادب میں افسانہ۔ نظم اور تنقید پر زیادہ توجہ دی گئی اور ان تینوں اصناف کو سوچ اور فکر کی ایسی شاہراہ پر ڈالا جن پر ملک کے آئندہ ادب کو

چار و ناچار گامزن ہونا پڑا۔ ان اصناف میں تحریک کی خدمات کا مختصر تذکرہ یہاں کیا جاتا ہے۔

افسانہ:۔

اس صنف میں پہلا نام منشی پریم چند کا آتا ہے۔ پریم چند ترقی پسند تحریک سے بہت قبل ہی افسانے کے بانیوں میں شامل تھے اور حقیقت نگاری کے مکتب کی بنیاد رکھ چکے تھے جس نے ترقی پسند تحریک کے لیے ایک ذہنی فضا تیار کی۔ ۲۰ ویں صدی کے پہلے عشرے میں اس کے افسانوں کا مجموعہ (سوز وطن) انگریز حکومت ضبط کر چکی تھی۔ اپنی ۵۶ سالہ زندگی میں اس نے ڈھائی سو کے لگ بھگ افسانے اور درجن سے زیادہ ناول لکھے۔ وطن دوستی، انسان پرستی، سماجی اصلاح، معاشی مساوات اور مذہبی رواداری سے اس کی زاویہ نگاہ کی تشکیل ہوئی تھی۔ بقول ڈاکٹر سلیم اختر "پریم چند کے فنی شعور، زاویہ نگاہ اور تخلیقات میں وہ تمام خصوصیات موجود ہیں جن سے ترقی پسندی عبارت ہے۔"

ترقی پسند افسانہ نگاروں میں "کرشن چندر"، "راجندر سنگھ بیدی"، "حیات اللہ انصاری"، "علی عباس حسینی"، "سعادت حسین منٹو"، "عصمت چغتائی"، "عزیز احمد"، "احمد ندیم قاسمی"، "بلونت سنگھ"، "اختر حسین رائے پوری"، "اوپندر ناتھ اشک"، "مرزا ادیب" نے اردو افسانے کو موضوعات، تکنیک اور اسلوب ہر لحاظ سے مالامال کر دیا۔

ترقی پسند تحریک چونکہ ایک احتجاج تھا اس لیے اس سے وابستہ قلم کاروں نے ہر معاشرتی ناہمواری اور معاشرے کے ہر استحصالی پہلو کے خلاف احتجاج کیا۔ اگرچہ اس دور کے کچھ افسانے بعض قلم کاروں کے خام فنی شعور یا اوائل دور کے جوش و جذبات کے باعث ذرا غیر معتدل نوعیت کے ہیں تاہم یہ ایک حقیقت ہے کہ اردو افسانے نے ترقی پسند تحریک کے تحت جو ترقی کی وہ صرف اسی تحریک کا حصہ ہے۔ کرشن چندر، احمد ندیم

قاسمی، بیدی، علی عباس حسینی، منٹو، غلام عباس، عزیز احمد، حیات انصاری، خدیجہ مستور، اشفاق احمد، ممتاز مفتی اختر حسین، عصمت چغتائی، مرزا ادیب وغیرہ وہ افسانہ نگار ہیں جن کے افسانے موضوعات اور فن دونوں کے لحاظ سے صحیح معنوں میں ترقی پسندانہ معیار کے ہیں۔ مذکورہ افسانہ نگاروں میں اگرچہ بعض باقاعدہ طور اس تحریک سے وابستہ نہ تھے پھر بھی ان کا فن اس جاندار تحریک سے متاثر رہا۔

شاعری۔

اس میدان میں نظم پر خاص توجہ دی گئی۔ غزل کے متعلق رویہ بیگانگی کا رہا۔ تحریک کے زیر اثر آزاد نظم نے غیر معمولی ترقی کی۔ اگرچہ "میرا جی"، "تصدق حسین خالد" اور "ن م راشد" آزاد نظم کے اولین معماروں میں شمار کیے جاتے ہیں لیکن ترقی پسند تحریک کے رہنماؤں نے ان کو اپنی تحریک سے غیر متعلق قرار دیا۔ ترقی پسند تحریک سے وابستہ، جوش ملیح آبادی، فیض احمد فیض، مجاز، احمد ندیم قاسمی، عارف متین، ظہیر کاشمیری، مختار صدیقی، جان نثار اختر، جذبی، اختر الایمان، ساحر لدھیانوی، احسان دانش وغیرہ وہ شعراء ہیں جنہوں نے کافی اچھی شاعری تخلیق کی۔ تنوع اور تجربات سے اردو شاعری کو مالامال کیا۔ ان میں فیض احمد فیض تو وہ شاعر ہے جس پر تحریک بلکہ ساری اردو شاعری بلا مبالغہ فخر کر سکتی ہے۔ نظم کی ترقی کے علاوہ ترقی پسند شعراء نے بعض پرانی علامتوں کو نئی زندگی دی۔ بعض الفاظ کو پھر سے شاعری میں رائج کیا۔

تنقید۔ تنقید ہر ادبی تحریک کی ضرورت ہوتی ہے۔ ترقی پسند تحریک نے تخلیقات کی پرکھ اور ماضی کے اسالیب و روایات کی چھان بین کے لیے جو نئی تنقید جنم دی وہ بقول ڈاکٹر سلیم اختر "اصول و قوانین کے لحاظ سے مارکسی اشتراکی تنقید ہے"

ایک رائے کے مطابق صرف اسی تنقید کو اردو ادب کا باقاعدہ دبستان قرار دیا جاسکتا

ہے۔ ترقی پسند تحریک کے آغاز میں انتہا پسندانہ رویے کے باعث ماضی سے انقطاع کا رجحان پایا جاتا تھا۔ اسی کے تحت "میر سے غالب" تک کے شعراء اور کئی دوسرے ادبی شخصیات اور سرمائے کی اہمیت گھٹادی گئی تاہم بعد میں مجنوں گورکھپوری، احتشام حسین اور احمد علی جیسے متوازن اور سلجھے ہوئے نقاد سامنے آئے جنہوں نے اعتدال سے کام لے کر عصری ادب میں نئی جہات ڈھونڈ نکالے۔ ماضی کے شعراء پر نئے انداز سے روشنی ڈال کر ان کی عظمت بڑھادی۔

ترقی پسند تحریک نے اپنے منشور کے مقاصد کے لیے بنیادی کام افسانے اور نظم سے لیا۔ تاہم اس کے ساتھ طنز نگاری کے میدان میں بھی بعض اچھی تخلیقات پیش کی گئیں۔ اس حوالے سے کرشن چندر، کنہیالال کپور، فکر تونسوی، احمد ندیم قاسمی، ابراہیم جلیس اور منٹو نمایاں نام ہیں۔

خاکہ نگاری اور رپورتاژ کے اصناف میں بھی تحریک نے اچھا خاصا اضافہ کیا۔ اس کے علاوہ اس دور میں چند ایک اچھے ناول بھی لکھے گئے مختصر یہ کہ ترقی پسند تحریک نے اردو ادب کو موضوعات، اسالیب اور ہیئت کے لحاظ سے بہت کچھ دیا۔

۱۹۴۷ء میں تقسیم ہند کے بعد ترقی پسند تحریک بڑے نشیب و فراز سے گزری جس کے کئی اسباب تھے۔ تقسیم کے بعد نئے اور مختلف حالات اور واقعات کے باعث ترقی پسندوں کی انجمن پر انتہا پسندوں کا غلبہ ہو گیا۔ نئے حالات اور تبدیلیوں کے ساتھ ترقی پسندی کے مفہوم میں بھی تبدیلیوں کی ضرورت تھی مگر انتہا پسندوں کے بے لچک رویئے کے باعث ایسا نہ ہو سکا۔ اکثر اعتدال پسند لکھاری تحریک سے جدا ہوتے گئے یوں انجمن انتشار کا شکار ہو گئی۔

اس کے ساتھ مخالفین نے ان کو غدار، کمیونسٹ اور روسی آلہ کار کہنا شروع کیا۔

بالائی طبقے پر مشتمل حکمران ٹولے نے نوکر شاہی کے ذریعے تحریک کو زیر عتاب رکھا۔ نئے حالات میں تحریک کے بعض ارکان اعلی عہدوں کے پیچھے پڑ گئے اور بعض حکومتی دباؤ کا سامنا نہ کر سکے یوں یہ بیک وقت متنازع اور جاندار تحریک منتشر ہوتی گئی اور ۱۹۵۶ میں اگرچہ اس کا باقاعدہ خاتمہ ہو گیا۔ تاہم اس نے اردو ادب کو مختلف حوالوں سے بہت کچھ عطا کیا ہے

***

ترقی پسند تحریک کی خدمات

علی گڑھ تحریک کے بعد ترقی پسند تحریک دوسری شعوری تحریک تھی جسکے زیر اثر ہمارے ادب کو بعض اہم تبدیلیوں سے دوچار ہونا پڑا۔ جن لوگوں نے اردو ادب کے مختلف شعبوں کا توجہ سے مطالع کیا ہے ان سے یہ حقیقت پوشیدہ نہیں کہ ہماری زبان میں شعروادب کا ایک بڑا ذخیرہ اس تحریک کی پیداوار ہے۔

ترقی پسند مصنفین کے نام سے ہمارے ملک میں جو تحریک ۱۹۳۵ء میں شروع ہوئی اس کی یہ خصوصیت نظر میں رکھنے کی ہے کہ یہ پہلی ادبی تحریک تھی جس نے نہ صرف پورے ملک کے ادیبوں کو ایک نظریاتی رشتے میں منسلک کرنے کی کوشش کی بلکہ ہندوستان کی دوسری زبانوں میں بھی اعتماد کا وسیلہ بن گئی۔

ہندوستان میں قومی بیداری کی جو لہر اٹھی تھی اس میں بنیادی طور پر یہاں کے سیاسی واقتصادی حالات کو زیادہ دخل تھا۔ ۱۹۰۵ء کے انقلاب روس سے ساری دنیا میں عوامی تحریکوں کا دھارا پھوٹ پڑا اور ایشیا کے محکوم ممالک اپنی گہری نیند سے چونک اٹھے۔ پھر ۱۹۳۳ء میں جرمنی میں ہٹلر کی سرکردگی میں فاشزم نے سر اٹھایا اور پورے یورپ کو ایک سیاسی بحران اور دوسری جنگ عظیم کے آثار سے پورے مغرب میں جو ہلچل پیدا ہوگئی اسکا اثر مغربی ہندوستانی طلباء پر خاص طور سے پڑا جو یورپ کی یونیورسٹیوں میں اعلیٰ تعلیم حاصل کر رہے تھے۔

ان طلباء میں سجاد ظہیر بھی تھے جو 'انگارے' کے مصنفین میں سے تھے۔ ان بیدار

اور حساس نوجوانوں کو اس زمانے کے سیاسی مسائل نے جھنجھوڑ کر رکھ دیا تھا۔ نوجوانوں کے اس گروہ نے آہستہ آہستہ ۱۹۳۵ء میں ایک ادبی حلقے کی شکل اختیار کرلی۔ اس حلقے میں سجاد ظہیر کے علاوہ انگریزی زبان کے ادیب اور ناول نگار ملک راج آنند، بنگال کے ادیب ڈاکٹر جوتی گوش، اور اردو کے ایک ادیب و شاعر محمد دین تاثیر شامل تھے۔

اس ادبی حلقے کی شکل بعد میں مستقل تحریک کی شکل اختیار کر گئی۔ ۱۹۳۵ء میں سجاد ظہیر ہندوستان آئے اور انہوں نے اپنی اس اسکیم کو عملی جامہ پہنایا۔ آہستہ آہستہ ہر زبان کے ادیب و شاعر نے اس منصوبے کی تائید کی اور ہمت افزائی کی۔ چنانچہ ترقی پسند ادیبوں کا ایک وسیع حلقہ بن گیا جس میں مولوی عبدالحق، پریم چند اور جوش ملیح آبادی جیسے ادیب اور شاعر شامل ہوئے۔

ترقی پسند مصنفین کی تحریک نے تین چار مہینوں میں اس قدر مقبولیت حاصل کرلی کہ ملک میں ہر طرف سے اس رجحان کی تائید ہونے لگی۔ یہ ہندوستان میں پہلی ادبی تحریک تھی جس میں نہ صرف اردو کے ادیب شامل تھے بلکہ دوسری زبانوں کے ادیب بھی مشترکہ پلیٹ فارم پر جمع ہو رہے تھے۔

ترقی پسند تحریک آٹھ مختلف کانفرنسوں پر مشتمل تھی جس کی پہلی کانفرنس اپریل ۱۹۳۶ء میں لکھنؤ میں ہوئی جس کی صدارت منشی پریم چند نے کی۔ پریم چند کی حیثیت ہماری زبان کے ایک بلند پایہ اور مستند ادیب کی تھی۔ اس لیے ان کی رہنمائی سے نوجوانوں کو ایک روشنی ملی اور اس تحریک کے اصول واضح طور پر سامنے آئے۔ اپنے خطبے کے آخر میں پریم چند کے الفاظ یہ تھے:

"ہماری کسوٹی پر وہ ادب کھرا اترے گا جس میں تفکر ہو، آزادی کا جذبہ ہو، حسن کا جوہر ہو، تعمیر کی روح ہو، زندگی کی حقیقتوں کی روشنی ہو۔ جو ہم میں حرکت، ہنگامہ اور بے

چینی پیدا کرے، سلائے نہیں۔ کیونکہ اب زیادہ سونا موت کی علامت ہو گی"

ترقی پسند مصنفین کی دوسری کل ہند کانفرنس کلکتہ میں ہوئی اور اس کی صدارت ملک راج آنند نے کی۔

تیسری کل ہند کانفرنس ۱۹۴۲ء میں دہلی میں ہوئی اور اس کی صدارت ڈاکٹر عبدالعلیم نے کی۔ ۱۹۴۵ء میں چوتھی کانفرنس حیدرآباد میں ہوئی اور اس کی صدارت حسرت موہانی نے کی۔ ۱۹۴۷ء میں پانچویں کانفرنس لکھنؤ میں ہوئی اور اس کی صدارت رشید احمد صدیقی نے کی۔ ۱۹۴۹ء میں ترقی پسند ادیبوں کی چھٹی کانفرنس بھمیڑی میں ہوئی اور اس کی صدارت مشہور نقاد رام بلاس شرما نے کی۔

۱۹۵۲ء میں ترقی پسند ادیبوں کی ساتویں کانفرنس دہلی میں ہوئی اور اس کی صدارت کرشن چندر نے کی۔

۱۹۵۶ء میں ترقی پسند مصنفین کی آٹھویں اور آخری کل ہند کانفرنس حیدرآباد میں منعقد ہوئی۔

کچھ عرصے میں ترقی پسندانہ ادیبوں کی اس تحریک کو ہندوستان کی تمام زبانوں میں جو مقبولیت حاصل ہوئی اس کی مثال مشکل سے ملے گی۔ ٹیگور، اقبال، پریم چند، عبدالحق، جواہر لال نہرو، جے پرکاش نرائن، جیسے ادیبوں اور سیاستدانوں نے اس تحریک کے مقصد کو لبیک کہا اور ہر طرح سے ان کی ہمت افزائی کی۔

ہر جگہ نوجوان اس رجحان سے متاثر ہو رہے تھے اور ان کی تحریک میں ایک نیا منشور جنم لے رہا تھا۔ بہت سے رسالے، ہفتہ وار اخبار ترقی پسند تحریک کے ترجمان بن گئے۔ پھر کچھ ہی دنوں بعد ترقی پسند ادیبوں کا اپنا رسالہ "نیا ادب" لکھنؤ سے جاری ہوا۔ جس میں سردار جعفری اور مجاز نے کام کرنا شروع کیا اور تمام زبانوں کے ادیبوں

کے نوفن پارے اس میں شائع ہوئے جو ترقی پسند تحریک کے بعض پہلوؤں کی وضاحت کرتے تھے۔

اس تحریک نے یوں تو تمام ادبی اصناف کو متاثر کیا لیکن افسانہ، شاعری اور تنقید کو خاص طور سے متاثر کیا۔ ترقی پسند افسانے کی روایت براہ راست پریم چند کی حقیقت نگاری سے جڑی ہوئی ہے۔ پریم چند نے سب سے پہلے اردو افسانے کو زندگی کی حقیقتوں سے براہ راست روشناس کرایا۔ اور اسے قومی جذبات، ذہنی کشمکش اور سماجی تبدیلیوں کا ترجمان بنایا۔

ترقی پسند افسانہ نگاروں میں سب سے قد آور شخصیت کرشن چندر کی ہے۔ انہوں نے سماج کے ستائے ہوئے طبقات کے مسائل بڑے عمدہ انداز میں بیان کئے ہیں۔ "زندگی کے موڑ پر" نظارے "ٹوٹے ہوئے تارے" انداتا" تین غنڈے" اجنتا سے آگے "وغیرہ ان کے افسانوں کے قابل ذکر مجموعے ہیں۔

راجندر سنگھ بیدی کا شمار ترقی پسند افسانہ نگاروں کی صف اول میں ہوتا ہے۔ انہوں نے انسانی دکھوں، پریشانیوں اور محرومیوں کو اپنے افسانوں کا موضوع بنایا۔

ترقی پسند تحریک نے شاعری اور افسانہ نگاری کے علاوہ اردو زبان کے جس شعبے کو سب سے زیادہ متاثر کیا وہ ادبی تنقید ہے۔ اس تحریک کی بدولت اردو تنقید کو ایک نیا ذہن، نیا مزاج اور ایک منفرد کردار نصیب ہوا ہے جو ترقی پسند تحریک کا مرہون منت ہے۔

ترقی پسند تحریک کے زیر اثر ۱۹۳۸ء میں لکھا گیا سجاد ظہیر کا ایک ناول "لندن کی ایک رات" بہت مشہور ہے۔ اس میں اونچے طبقے کے ہندوستانی لوگوں کی ذہنی کیفیت اور سامراجیت کے خلاف شدید نفرت اور اندر ہی اندر رکھنے والی آگ کے اثرات بھی دیکھے جاسکتے ہیں۔

اسکے بعد کرشن چندر کا نام سر فہرست ہے۔ انہوں نے ۴۷ ناول لکھے۔ جن میں

"شکست" جب کھیت جاگے" الٹا درخت" غدار" میری یادوں کے چنار" آسمان روشن ہے" وغیرہ ناول قابل ذکر ہیں۔ عصمت چغتائی کا نام بھی خصوصی اہمیت کا حامل ہے۔ "ٹیڑھی لکیر" ان کا شاہکار ناول ہے۔ اس کے علاوہ "ضدی" "معصومہ" "دل کی دنیا" اور "ایک قطرہ خون" بھی ان کے قابل ذکر ناول ہیں۔

ترقی پسند افسانے کا آغاز "انگارے" سے ہوتا ہے۔ انگارے میں شامل افسانہ نگاروں میں سجاد ظہیر، احمد علی، رشید جہاں اور محمود الظفر قابل ذکر ہیں۔ کرشن چندر کا "طلسم خیال" دو فرنگ لمبی سڑک" ان کے مقبول افسانے ہیں۔ حیات اللہ انصاری کا افسانوی مجموعہ "انوکھی مصیبت" بھی قابل ذکر ہے۔

ترقی پسند تحریک کے زیر اثر جو ڈرامے لکھے گئے ان میں سب سے پہلے سجاد ظہیر کا ڈرامہ "بیمار ہے" بہت مشہور ہے۔ اس کے علاوہ رشید جہاں اور محمود ظفر نے بھی ڈرامے لکھے۔ "عورت" اور "امیر کا محل" ان کے زیادہ کامیاب ڈرامے ہیں۔

ترقی پسند تحریک کے زیر اثر کنیا لال کپور کے مضامین کا پہلا مجموعہ "سنگ وحشت" کے نام سے شائع ہوا۔ کرشن چندر نے "ہوائی قلعے" کے نام سے مضامین کا مجموعہ شائع کیا۔

اس طرح ترقی پسند تحریک کے زیر اثر اردو ادب نے بہت ترقی کی اور خاص کر نثری ادب کو چار چاند لگا دیئے۔

***

ترقی پسند تحریک اور اردو ادب

ڈاکٹر مطیع الرحمن

ترقی پسند تحریک کا تعارف:

اردو ادب کی تحریکوں میں ترقی پسند تحریک سب سے اہم اور طاقتور تحریک حیثیت رکھتی ہے۔ اس کا اثر بھی اردو زبان و ادب پر تادیر رہا۔ اس تحریک کی ایک بڑی خصوصیت یہ کہ ہے اس نے اردو ادب کو زندگی کے قریب لایا۔ ساتھ ہی مقصدیت اور سماجی حقیقت نگاری پر بھی زور دیا۔ چونکہ مقصدیت اور حقیقت نگاری علی گڑھ تحریک کے اہم پہلو ہیں اس لیے نقادوں نے ترقی پسند تحریک کو علی گڑھ تحریک کی توسیع مانا ہے۔

ترقی پسند تحریک کا آغاز وارتقا:

ترقی پسند تحریک کا باقاعدہ آغاز ۱۹۳۵ء میں ہوا۔ لیکن دیکھا جائے تو اس کے اثرات اس سے پہلے ہی دکھائی دینے لگے تھے۔ ۱۹۱۷ء کے انقلاب روس کے بعد ہی اس کے اثرات نمایاں ہونے لگے تھے۔ اسی وقت سے انسانی فکر میں تغیرات کا سلسلہ شروع ہوتا ہے۔ اس انقلاب نے پوری دنیا کو متاثر کیا۔ اس کا اثر ادب پر بھی رہا۔ تمام زبان کے ادیب وشاعر لینن اور کارل مارکس کے اثرات قبول کرنے لگے۔

اس طرح جب جرمنی میں ہٹلر کا ظلم وستم عام ہوا تو ہٹلر کے اس فاشزم کے خلاف آواز بلند ہونے لگا۔ اس سلسلے میں اس دور کے ادیبوں اور فنکاروں نے بھی اہم کردار ادا

کیا۔ اس کے لیے جولائی ۱۹۳۵ء میں پیرس میں ایک کانفرنس منعقد کی گئی۔ اس وقت کی بڑی بڑی شخصیتوں نے اس کانفرنس میں دنیا بھر کے ادیبوں کو بلایا۔ ہندوستان کی طرف سے سجاد ظہیر اور ملک راج آنند نے اس کانفرنس میں شرکت کی۔ یہ لوگ اس وقت لندن میں تعلیم حاصل کر رہے تھے۔ اس کانفرنس سے متاثر ہو کر سجاد ظہیر اور ملک راج آنند نے لندن کے دوسرے ہندوستانی طلبا کے ساتھ مل کر ایک انجمن کی بنیاد رکھی۔ اس انجمن کا نام "انجمن ترقی پسند مصنفین" رکھا گیا۔ اس کے بعد اس انجمن کا ایک جلسہ بھی لندن کے ایک ریستوران میں ہوا۔ اس جلسے میں سجاد ظہیر، ملک راج آنند، ڈاکٹر جیوتی گھوش، پرمود سین گپتا اور محمد دین تاثیر وغیرہ موجود تھے۔ پھر ان لوگوں نے مل کر ترقی پسند تحریک کا ایک خاکہ تیار کیا۔ اس طرح لندن میں ترقی پسند تحریک کی بنیاد پڑی۔

ہندوستان میں ترقی پسند تحریک:

اس کے بعد سجاد ظہیر ہندوستان آئے اور ادیبوں کو جمع کرنا شروع کیا اور لوگوں کو اس تحریک کے بارے میں بتایا۔ اس کے بعد ۱۹۳۶ء میں لکھنؤ میں ترقی پسند تحریک کی پہلی کانفرنس ہوئی۔ اس کانفرنس میں بڑے بڑے ادیب اور شاعروں نے حصہ لیا۔ اس کی صدارت پریم چند نے کی۔ انھوں نے صدارتی خطبہ بھی پیش کیا جسے تاریخی اہمیت بھی حاصل ہے۔ اس خطبے کا ایک جملہ "ہمیں حسن کا معیار تبدیل کرنا ہوگا" ترقی پسند کے نظریے اور اس کے مقصد کو واضح کر دیتا ہے۔ ان کے پورے خطبے سے یہی واضح ہوتا ہے کہ اصل ادب وہی ہے جو زندگی کے مسائل کی عکاسی کرے۔ اس جلسے میں حسرت موہانی، فراق گورکھپوری اور احمد علی جوہر وغیرہ بھی تھے جنھوں نے اپنے مقالوں کے ذریعہ ترقی پسند تحریک کے مقاصد کو واضح کیا۔ بہر حال اس طرح ہندوستان میں ترقی پسند تحریک کا باقاعدہ آغاز ہوا۔ اس کے بعد ترقی پسند ادیبوں کی کانفرنس بھی ہوتی رہی۔ ترقی

پسند ادیبوں کی کانفرنس کی کل تعداد آٹھ ہے جو کہ الگ الگ مقام پر منعقد ہوئی تھیں۔ اس طرح لکھنؤ، کلکتہ، الہ آباد، دہلی، لاہور، بمبئی، حیدر آباد اور ملک کے ان شہروں تک اس کا اثر پہنچ گیا جہاں لوگوں کو ادب سے لگاؤ تھا۔ اور اس وقت کے تقریباً سبھی ادیبوں نے اس تحریک کی تعریف کی اور دھیرے دھیرے لوگ اس سے جڑتے گئے اور انھوں نے اپنی نظم ونثر میں ترقی پسندی کے نظریات کو شامل کر کے اسے فروغ بھی بخشا۔

ترقی پسند تحریک کے مقاصد:

ترقی پسند تحریک کا اصل مقصد تھا ادب کو عوام سے قریب لانا۔ یعنی ادب میں عام انسان اور اس کی زندگی سے جڑے مسائل کو پیش کیا جائے۔ بھوک، افلاس، غربت، سماجی ناہمواری یا نابرابری اور غلامی وغیرہ کو ادب میں جگہ دی جائے۔ صرف مقصدیت، واقعیت اور حقیقیت نگاری پر زور دیا جائے۔ بے مقصد کی باتوں سے پرہیز کیا جائے۔ ان قدیم روایات کو زندہ کرنا جو عام انسانی زندگی کے لیے مفید ہوں۔ اسی طرح برے رسم و رواج اور روایات جو سماج کے لیے نقصان دہ ہوں اسے ترک کر دینا وغیرہ۔

اس تحریک کا مقصد تھا کہ ادب کے ذریعہ ایک اچھے سماج کی بنیاد رکھی جائے۔ ہمارے سماج میں خاندان، نسل، رنگ، جنس، زبان، مذہب اور ذات پات کے جھگڑے ہیں اور برے نظام ہیں ان کو دور کر کے مساوات اور برابری کا پیغام عام کیا جائے۔ آپسی نفرت کو دور کر کے بھائی چارگی اور محبت کا درس دیا جائے۔ ذات پات کا فرق مٹایا جائے، مذہبی جھگڑے کو دور کیا جائے۔ فتنہ وفساد کرنے والوں کے خلاف آواز اٹھائی جائے۔ ظلم کے خلاف نعرہ بلند کیا جائے۔ خاص کر کسانوں اور مزدوروں کے ساتھ ہونے والی ناانصافیوں اور ان پر ہونے والے مظالم کو دکھایا جائے اور ان کا حق دلایا جائے۔ مالک اور مزدور کے درمیان جو فرق اور دوری ہے اسے ختم کر کے برابری پیدا کی جائے تاکہ

ہمارے سماج کے ہر طبقے کے لوگ خوشی خوشی زندگی گزار سکیں۔

دیکھا جائے تو ترقی پسند تحریک سے جڑے لوگوں نے سماج میں معاشی نابرابری کو نشانہ بنایا ہے۔ اس تحریک سے جڑے لوگ معاشی مساوات کے قائل تھے۔ یعنی معاشی اعتبار سے سماج کے ہر طبقے کو برابر ہونا چاہیے۔

اسی طرح سماجی زندگی کے تمام مسائل کو بیان کرنا اس تحریک کا ایک مقصد ہے۔ ترقی پسند ادیبوں نے عوامی زندگی کے ہر مسائل کو ابھارنے کی کوشش کی اور ساتھ ہی ان ادیبوں نے اس کا حل بھی تلاش کیا تاکہ سماج میں بہتری لائی جاسکے اور ایک اچھے سماج کی تشکیل ہوسکے۔

بہرحال اس طرح اس تحریک نے سماجی مسئلے کو ابھارا اور سماجی و معاشی ناہمواریوں اور ناانصافیوں کو نشانہ بنایا۔ انھوں نے ظلم و ستم، تشدد اور نفرت کے خلاف آواز اٹھائی اور سچائی، انصاف، امن، محبت اور برابری کا پیغام عام کیا۔

اس تحریک نے جہاں سماجی خدمت کی وہیں اس کے ذریعہ اردو ادب کو بھی فروغ حاصل ہوا۔ اس تحریک کے ذریعہ اردو ادب کو نئے نئے موضوعات ملے۔ دیکھا جائے تو اس تحریک نے اردو نثر و نظم دونوں کو متاثر کیا۔ شاعری کے حوالے سے بات کی جائے تو پتہ چلتا ہے کہ ترقی پسند تحریک سے پہلے ہی اس رجحان کی بنیاد پڑ گئی تھی۔ آزاد، حالی، اقبال اور چکبست وغیرہ کی شاعری میں انسانی زندگی اور زندگی کے مختلف مسائل نظر آتے ہیں۔ ترقی پسند تحریک کا جب آغاز ہوا تو ان شعرا کے خیالات کو مزید وسعت ملی۔ پھر ترقی پسند شعرا نے غزل اور نظم دونوں میں انسانی زندگی کے مسائل کی ترجمانی کی۔ زندگی کے دکھ درد، معاشی و سیاسی مسائل، سماجی ناہمواری، ناانصافی، نابرابری، ظلم و ستم، مظلوم طبقے کی عکاسی، غرضیکہ انسانی اور سماجی زندگی سے جڑے تمام مسائل کو ابھارا۔

ترقی پسند شعرا میں جذبیؔ، مجروحؔ، فراقؔ، جوشؔ، مجازؔ، مخدومؔ، فیضؔ، تاباںؔ، جاں نثار اختر، علی سردار جعفری اور خلیل الرحمن اعظمی وغیرہ کے نام قابل ذکر ہیں جنہوں نے اپنے عہد کی حقیقتوں کی عکاسی کی۔

اردو نثر پر ترقی پسند تحریک کے اثرات:

افسانے پر ترقی پسندی کے اثرات:

نثر کے حوالے سے بات کی جائے تو پتہ چلتا ہے کہ اس تحریک کا اثر سب سے زیادہ افسانہ اور پھر ناول پر رہا۔ ترقی پسند افسانے کی روایت پر بات کی جائے تو پتہ چلتا ہے کہ اس کی روایت پریم چند کی حقیقت نگاری پر قائم ہوئی ہے۔ انھوں نے سب سے پہلے اردو افسانے کو زندگی کے قریب لایا اور زندگی کی حقیقتوں کو بیان کیا اور سماج کی عکاسی کی۔

ترقی پسند تحریک اور کرشن چندر:

ترقی پسند افسانہ نگاروں میں سب سے اہم نام کرشن چندر کا ہے۔ انھوں نے سماج کے ستائے ہوئے لوگوں کے مسائل کو اپنے افسانے کا حصہ بنایا۔ ان کے یہاں طنز کا پہلو بھی نظر آتا ہے۔ نظارے، زندگی کے موڑ پر، ان داتا، تین غنڈے اور اجنتا سے آگے وغیرہ ان کے بہترین افسانے ہیں۔

ترقی پسند تحریک اور راجندر سنگھ بیدی:

راجندر سنگھ بیدی کا نام بھی اہمیت کا حامل ہے۔ انھوں نے انسانی دکھ، پریشانیوں اور محرومیوں کو اپنے افسانوں کا موضوع بنایا ہے۔

دیگر افسانہ نگاروں کے یہاں ترقی پسندی کے اثرات:

اسی طرح حیات اللہ انصاری، سہیل عظیم آبادی، احمد ندیم قاسمی اور خواجہ احمد عباس وغیرہ نے ہندوستان کے عام لوگوں کی زندگی کو اپنا موضوع بنایا ہے۔ سعادت حسن

منٹو کا بھی تعلق اس تحریک سے ہے۔ ان کے یہاں بھی حقیقت نگاری صاف نظر آتی ہے۔ انہوں نے نوجوان لڑکوں، لڑکیوں، طوائفوں اور سماج کے گرے پڑے لوگوں کی زندگیوں اور تقسیم ہند کے واقعات کو موضوع بنایا ہے۔ ان کے علاوہ عصمت چغتائی، عابد سہیل، ہاجرہ مسرور، ممتاز مفتی، خدیجہ مستور، قرۃ العین حیدر اور انتظار حسین وغیرہ قابل ذکر ترقی پسند افسانہ نگار ہیں۔

ترقی پسند افسانہ نگاروں نے اپنے افسانوں میں زندگی کے مختلف حقیقتوں کو پیش کیا ہے۔ انھوں نے مختلف سماجی مسائل کو عیاں کیا ہے۔ اسی طرح اپنے زمانے کے مسائل کو پیش کیا ہے۔ خاص کر ترقی پسند افسانہ نگاروں نے تقسیم ہند اور ہجرت کو موضوع بنایا ہے۔ اس کی وجہ سے ہونے والے فرقہ وارانہ فسادات، لوٹ مار، قتل و غارت گری وغیرہ کے واقعات کو دکھانے کی کوشش کی ہے۔

ناول پر ترقی پسندی کے اثرات:

اسی طرح ناول پر بھی اس تحریک کا اثر رہا۔ اس تحریک کے زیر اثر بہت سے ناول لکھے گئے جس سے اردو ناول نگاری میں گراں قدر اضافہ ہوا۔ اس سلسلے میں پریم چند، علی عباس حسینی، سجاد ظہیر، کرشن چندر، عصمت چغتائی، حیات اللہ انصاری اور قرۃ العین حیدر وغیرہ کے نام قابل ذکر ہیں جنھوں نے بہترین ناول لکھے۔ ان کے یہاں سماجی اور سیاسی پہلو واضح طور پر نظر آتے ہیں۔

تنقید پر ترقی پسندی کے اثرات:

ترقی پسند تحریک نے اردو تنقید نگاری کو بھی متاثر کیا۔ اس سلسلے میں مجنوں گورکھپوری، آل احمد سرور، سید احتشام حسین، عزیز احمد، ممتاز حسین، وقار عظیم، اختر اورینوی اور خلیل الرحمن اعظمی وغیرہ کے نام قابل ذکر ہیں جنھوں نے اس تحریک کے

اثرات کو قبول کر کے تنقید میں اپنے نظریات کو پیش کر کے اہم اضافہ کیا۔ اس طرح اس تحریک نے اردو ادب کو بہت کچھ دیا۔ اس نے اردو ادب کو نیا راستہ دکھایا اور نئے نئے موضوعات سے مالامال کیا۔ یہ وہ تحریک ہے جس نے محنت کش مزدور اور کسان کو ادب کا ہیرو بنا کر پیش کیا۔ اسی تحریک کی بدولت اردو ادب میں کھیتوں اور کھلیانوں کی خوشبو آنے لگی۔ اسی طرح سماج کے مختلف مسائل کو ابھار کر اس کا حل بھی تلاش کرنے کی کوشش کی گئی تاکہ سماج میں بہتری آسکے اور سماج کا ہر طبقہ خوشحال ہو اور ترقی کر سکے۔

※ ※ ※

ترقی پسند تحریک

وہاب اعجاز خان

۱۹۲۶ءمیں اردو ادب میں ایک نئ تحریک نے جنم لیا، اور ترقی پسند تحریک کے نام سے مشہور ہوئی ابتداءمیں اس تحریک کا پر جوش خیر مقدم ہوا۔

۱۹۱۷ءمیں روس میں انقلاب کا واقعہ ، تاریخ کا ایک بہت ہی اہم واقعہ ثابت ہوا۔ اس واقعہ نے پوری دنیا پر اثرات مرتب کئے۔ دیگر ممالک کی طرح ہندوستان پر بھی اس واقعہ کے گہرے اثرات پڑے اور ہندوستان کی آزادی کے لیے جدوجہد میں تیزی آئی۔ دوسری طرف ہندو مسلم اختلاف میں اضافہ ہوا۔ ان حالات اور سیاسی کشمش کی بدولت مایوسی کی فضا چھانے لگی، جس کی بناپر حساس نوجوان طبقے میں اشتراکی رجحانات فروغ پانے لگے۔ شاعر اور ادیب طالسطائے کے برعکس لینن اور کارل مارکس کے اثر کو قبول کرنے لگے۔ جبکہ روسی ادب کا بنیادی فلسفہ یہ تھا کہ مذہب کی حیثیت افیون کی سی ہے۔ مذہب باطل تصور ہے۔ انسان کا سب سے بڑا مسئلہ معاش ہے۔ اس طرح اس ادب کی رو سے سب سے بڑا مذہب انسائیت ہے اور ادب کا کام مذہب سے متنفر کر کے انسانیت میں اعتقاد پیدا کرنا ہے۔ اس طرح یہ نظریات ترقی پسند تحریک کے آغاز کا سبب بنے۔

دوسری طرف ۱۹۲۳ءمیں جرمنی میں ہٹلر کی سرکردگی میں فاشزم نے سر اُٹھایا، جس کی وجہ سے پورے یورپ کو ایک بحران سے گزرنا پڑا۔ ہٹلرے جرمنی میں تہذیب و

تمدن کی اعلیٰ اقدار پر حملہ کیا۔ بڑے بڑے شاعروں اور ادیبوں کو گرفتار کر لیا۔ ان شعراءوادباء میں ائن سٹائن اور ارنسٹ ووکر بھی شامل تھے۔ ہٹلر کے اس اقدام پر جولائی ۱۹۳۵ء میں پیرس میں بعض شہرہ آفاق شخصیتوں مثلاً رومن رولان، ٹامس مان اور آندر مالرو نے کلچر کے تحفظ کے لیے تمام دنیا کے ادیبوں کی ایک کانفرنس بلالی۔ اس کانفرس کا نام تھا

The world congress of the writers for the defence of culture

ہندوستان سے اگرچہ کسی بڑے ادیب نے اس کانفرس میں شرکت نہیں کہ البتہ سجاد ظہیر اور ملک راج آنند نے ہندوستان کی نمائندگی کی۔ اس طرح بعد میں سجاد ظہیر اور ملک راج آنند نے کچھ دیگر ہندوستانی طلبا کی مدد سے جو لندن میں مقیم تھے۔ "انجمن ترقی پسند مصنفین" کی بنیاد رکھی۔ اس انجمن کا پہلا جلسہ لندن کے نانکنگ ریستوران میں ہوا۔ جہاں اس انجمن کا منشور یا اعلان مرتب کیا گیا۔ اس اجلاس میں جن لوگوں نے شرکت کی ان میں سجاد ظہیر، ملک راج آنند، ڈاکٹر جیوتی گھوش اور ڈاکٹر دین محمد تاثیر وغیرہ شامل تھے۔ انجمن کا صدر ملک راج آنند کو منتخب کیا گیا۔ اس طرح انجمن ترقی پسند مصنفین جو ترقی پسند تحریک کے نام سے مشہور ہوئی وجود میں آئی۔

مقاصد:۔

ترقی پسند تحریک نے اپنے منشور کے ذریعے جن مقاصد کا بیان کیا وہ کچھ یوں ہیں کہ

اس تحریک کا مقصد

۱) آرٹ اور ادب کو رجعت پرستوں کے چنگل سے نجات دلانا اور فنون لطیفہ کو عوام کے قریب لانا ہے۔

۲) ادب میں بھوک، افلاس، غربت، سماجی پستی اور سیاسی غلامی سے بحث کرنا

۳)واقعیت اور حقیقت نگاری پر زور دینا۔ بے مقصد روحانیت اور بے روح تصوف پرستی سے پرہیز کرنا۔

۴)ایسی ادب تنقید کو رواج دینا جو ترقی پسند اور سائینٹیفک رجحانات کو فروغ دے۔

۵)ماضی کی اقدار اور روایات کا از سر نو جائزہ لے کر صرف ان اقدار اور روایتوں کو اپنانا جو صحت مند ہوں اور زندگی کی تعمیر میں کام آسکتی ہوں۔

٦۔ بیمار فرسودہ روایات جو سماج و ادب کی ترقی میں رکاوٹ ہیں ان کو ترک کرنا وغیرہ

مقبولیت:۔

ترقی پسند تحریک کے مذکورہ بالا مقاصد سے ظاہر ایسا ہوتا تھا کہ جس سے کسی کو بھی اختلاف نہیں ہو سکتا تھا۔ یہی وجہ ہے کہ اس تحریک کے منشور کے منظر عام پر آتے ہی اس کا خیر مقدم کیا گیا۔ چنانچہ ہندوستان میں سب سے پہلے مشہور ادیب اور افسانہ نگار منشی پریم چند نے اسے خوش آمدید کہا۔ علامہ اقبال اور ڈاکٹر مولوی عبدالحق جیسے حضرات نے اس تحریک کی حمایت کی اور اس تحریک کے منشور پر دستخط کرنے والیوں میں منشی پریم چند، جوش، ڈاکٹر عابد حسین، نیاز فتح پوری، قاضی عبدالغفار، فراق گورکھپوری، مجنوں گورکھپوری، علی عباس حسینی کے علاوہ نوجوان طبقے میں سے جعفری، جان نثار اختر، مجاز حیات اللہ انصاری اور خواجہ احمد عباس کے نام قابل ذکر ہیں۔

اب دیکھنا یہ ہے کہ اس تحریک نے جن مقاصد اور موضوعات کا تعین کیا تھا ان کے حصول میں یہ لوگ ادبی سطح پر کس حد تک کامیاب ہوئے۔ اور حصول مقاصد کی کوشش میں فن کے تقاضے کہاں تک ملحوظ رکھے اس نقطہ نظر سے جب ہم جائزہ لیتے ہیں تو احساس ہوتا ہے کہ اس تحریک نے جو بلند بانگ دعوئے کئے تھے، ان کے مقابلے میں ان لوگوں

نے جو ادبی سرمایہ پیش کیا وہ مایوس کن ہے۔ اس کی وجہ یہ ہے کہ اس تحریک میں دو قسم کے لوگ شامل تھے۔ ایک وہ لوگ جو اس تحریک کے آغاز سے پہلے بھی اچھے فنکار تھے اور اس کے خاتمے کے بعد بھی اچھے فنکار رہے۔

وہ لوگ جنہوں نے اس تحریک کے نظریات کو غور و تدبر کے بعد اپنی فکری تربیت کر کے اپنے احساس کا حصہ بنایا اور فنی خلوص کو مارکسی نظریے کے لیے کام کرتے ہوئے بھی مد نظر رکھا ان کی تعداد انگلیوں پر گنی جا سکتی ہے۔ ان لوگوں میں کرشن چندر، فراق، فیض، احسان دانش، ندیم، ساحر وغیرہ شامل ہیں۔ دراصل یہ لوگ تحریک کے وجود سے پہلے بھی اچھے فنکار تھے اور تحریک کے خاتمے کے بعد بھی اچھے فنکار تھے۔

بعد میں تحریک کے خلاف ایک رد عمل اُٹھا جس کے کئی اسباب تھے مثلاً منشور کو نظر انداز کرنا، روسی ادب کی سستی نقل، اپنی زمین سے کمزور ناطہ، ماضی انحراف، دوغلا پن، غزل کی مخالفت، آمرانہ پالیسی وغیرہ۔

لیکن اس میں بھی کوئی شک نہیں کہ ترقی پسند تحریک نے اردو ادب کو بہت کچھ دیا شاعری، افسانے ناول، ڈرامے اور تنقید پر بڑے اثرات مرتب ہوئے۔ آئیے اردو ادب میں تحریک کے خدمات کا جائزہ لیتے ہیں۔

ترقی پسند افسانہ

پریم چند:۔

ترقی پسند افسانے کا ذکر کرتے ہوئے ڈاکٹر انور سدید لکھتے ہیں کہ ترقی پسند افسانے کی روایت کا رشتہ براہ راست پریم چند کی حقیقت نگاری سے وابستہ ہے۔ پریم چند گو کہ اردو کے پہلے افسانہ نگار نہیں ہیں، لیکن افسانہ نگاری میں اس اعتبار سے ان کو ایک بلند مقام اور مرتبہ حاصل ہے کہ انہوں نے اردو افسانے کو داستانوی ماحول سے نکال کر اس کا

رشتہ زندگی سے قائم کیا۔ پریم چند کے افسانوں میں ہندوستانی معاشرہ اپنے حقیقی روپ میں نظر آتا ہے۔ ہندوستانی معاشرہ کی حقیقی تصویر پیش کرنے کے ساتھ ساتھ پریم چند نے انسانی عظمت اور محنت کو بھی بلند مقام عطا کرنے کی شعی کی۔ پریم چند کی ان خصوصیات کی بناءپر ان کو پہلا ترقی پسند افسانہ نگار خیال کیا جاتا ہے۔ ان کے مشہور افسانوں میں سوا سیر گیہوں، کفن، زیور کا ڈبہ وغیرہ شامل ہیں۔

کرشن چندر:۔

کرشن چندر کی ابتدائی شہرت اور مقبولیت کا سبب ان کا رومانی طرز نگارش ہے۔ وہ طبعاً رومانی فنکار تھے۔ لیکن ان کا کمال یہ ہے کہ وہ زیادہ دیر تک اس رومانی فضاء میں کھوئے نہیں رہے اور جلد ہی اس فضا سے نکل کر وہ حقائق کی دنیا کی طرف گامزن ہوگئے۔ چنانچہ "طلسم خیال" کے بعد ان کے افسانوں کا دوسرا مجموعہ "نظارے" کے نام سے شائع ہوا تو اس مجموعے کے افسانوں سے یہ ظاہر ہوتا ہے کہ ان کے زاویہ نظر میں بڑی سرعت کے ساتھ تبدیلی آرہی تھی۔ اور "ان داتا" میں تو کرشن چندر رومان پرست کے بجائے تلخ حقیقت نگار اور انقلاب پسند کی حیثیت سے جلوہ گر ہیں۔

کرشن چند کی عظمت کی کئی وجوہات ہیں مثلاً ایک تو یہ کہ ان کے افسانوں کے موضوعات میں بر اتنوی ہے۔ ان کے افسانوں میں فطرت کے حسن اور عورت کی رومانی دلکشی کے علاوہ اپنے عہد کی وسیع عکاسی بھی ملتی ہے۔ ان کے مشاہدے کی دنیا بڑی وسیع ہے۔ وہ اپنے موضوعات، اپنے گرد و پیش کی دنیا سے لیتے ہیں۔ یہی وجہ ہے کہ ان کے موضوعات میں سماجی معاشی اور سیاسی زندگی کے مختلف پہلو شامل ہیں۔

دوسری بات کرشن چندر منظر کشی میں ید طولیٰ رکھتے ہیں۔ بقول محمد حسن منظر نگاری میں آج تک ان کا کوئی ہمسر نہیں ہے۔ ان کے افسانوں میں فطرت کا سار حسن

سمٹ کر رہ گیا ہے۔ جبکہ اس کے علاوہ اپنے طرز نگارش کے ذریعے وہ افسانے میں جان ڈال دیتے ہیں۔ علی سردار جعفری نے اُن کی نثر کو شاعری کہا ہے جو کہ شاعر نہ ہوتے ہوئے بھی محفل لوٹ کر لے جاتا ہے۔

کرشن چندر نے فسادات کے موضوع پر بھی قلم اُٹھایا چنانچہ ان کے مجموعے "نیم وحشی" کے سارے افسانے فسادات سے متعلق ہیں۔ اُن کے باقی مجموعوں نام یہ ہیں۔ طلسم خیال، نظارے، ہوائی قلعے، گھونگھٹ میں گوری جلسے، ٹوٹے ہوئے تارے، ان داتا، نیم وحشی، تین غنڈے، زندگی کے موڑ پر، نغمے کی موت اور پرانا خدا وغیرہ

سعادت حسن منٹو:۔

ترقی پسند افسانہ نگاروں میں ایک اور اہم نام سعادت حسن منٹو کا ہے۔ منٹو کا شمار اردو کے مشہور افسانہ نگاروں میں ہوتا ہے منٹو جس قدر ایک قدر افسانہ نگار ہیں اسی قدر متنازعہ شخصیت بھی۔ اس کے حق میں اور مخالفت میں بھی بہت کچھ لکھا جا چکا ہے۔ اگرچہ منٹو پر فحش نگاری کے الزامات لگے، ان پر مقدمات چلے لیکن ان سب کچھ کے باوجود یہ حقیقت ہے کہ وہ اردو کا اہم اور عظیم افسانہ نگار ہے۔ سعادت حسن منٹو کے افسانوں کی نمایاں خوبی یہ ہے کہ اُن کے ہاں موضوعات کا تنوع ملتا ہے۔ جس کی بناء پر افسانوں میں یکسانگی پیدا نہیں ہوتی۔ منٹو اپنے افسانوں میں اگر طرف جوان لڑکوں لڑکیوں کی جنسی الجھنوں، طوائف کی زندگی کو اپنا موضوع بنایا ہے۔ تو دوسری طرف ان کے افسانوں کا موضوع ہندوستان کی جنگ آزادی، جدوجہد، اور تقسیم بھی ہیں۔ اسی طرح ان کے کردار بھی زندگی کے مختلف شعبوں سے تعلق رکھتے ہیں۔ اُن کے ہاں ہر طبقے اور ہر شعبے کے کردار نظر آئیں گے۔ کالج کے لڑکے لڑکیوں سے لے کر پہلوان اور استاد تک۔ قریب قریب معاشرتی طبقے کے افراد منٹو کے افسانوں میں ملیں گے۔

منٹو کا زندگی کا مطالعہ کافی وسیع تھا لیکن اُن نے اپنے ارد گرد جو کچھ دیکھا اُسے بغیر کسی جھجک کے بیان کر دیا۔ اُن کی حقیقت نگاری کا ذکر کرتے ہوئے ڈاکٹر عبادت بریلوی لکھتے ہیں کہ زندگی کے مختلف حقائق تک ان کی نظریں بڑی بے باکی اور دراکی کے ساتھ پہنچتی ہیں۔ اور ان کو پوری طرح نمایاں کر دیتی ہیں۔

اس کے ساتھ ساتھ منٹو صرف ایک افسانہ نگار ہی نہیں بلکہ بقول عبادت بریلوی وہ انسانی نفسیات کا گہرا نباض بھی ہے اس کی ہر کہانی کو اس کا یہی نفسیاتی شعور حقیقت سے ہم آہنگ کرتا ہے۔ اس کے نفسیاتی شعور کے بناء پر رومانی موضوعات تک اس کے یہاں حقیقت کا روپ دھار لیتے ہیں۔ زندگی کی ہر پہلو کی ترجمانی میں اس نے کسی نہ کسی اہم حقیقت کو بے نقاب کیا ہے۔ خصوصاً زندگی کے معاملات اور کرداروں کی حرکات و سکنات کو پیش کرنے میں نفسیاتی شعور اپنے عروج پر ہے۔

جہاں تک منٹو کے اسلوب کا تعلق ہے تو مختصراً یہ کہا جا سکتا ہے کہ اردو افسانہ نگاری میں منٹو وہ پہلا افسانہ نویس ہے جس نے افسانے کی نئی زبان دریافت کی اس لیے تو حسن عسکری اُن کے اسلوب کو زندہ اسلوب کہتے ہیں۔ منٹو نے جو کچھ کہا اس میں آورد نام کو نہیں۔ منٹو کے مشہور افسانوں میں ٹھنڈا گوشت، بو، دھواں، ٹوبہ ٹیک سنگھ، کالی شلوار وغیرہ جیسے افسانے شامل ہیں۔

عصمت چغتائی:۔

ترقی پسند افسانہ نگاروں میں عصمت چغتائی کا نام بھی شامل ہے۔ عصمت کے افسانے فنی خوبی اور قدرت زبان و بیان کی بناء پر بڑی شہرت رکھتے ہیں۔ منٹو کے بعد عصمت چغتائی دوسری افسانہ نگار ہیں جس نے اپنے افسانوں میں جنسی پہلو کو مبالغہ آمیز انداز میں پیش کیا۔ خصوصاً متوسط طبقے کے مسلمان گھرانوں اور ان کی عورتوں اور بچوں

کی نفسیاتی اور جنسی الجھنوں کو انہوں نے بڑی بے باکی سے موضوع بنایا۔ ان کے افسانے ”لحاف“ پر باقاعدہ مقدمہ چلا۔

اس میں شبہ نہیں کہ عصمت کے یہاں فن کی اعلی قدروں کے لیے زبان اور قلم کی جس نیکی کی ضرورت ہے اس کا فقدان ہے، البتہ یہ تسلیم کرنا پڑتا ہے کہ عصمت کو جذبات پر قدرت اور اظہار بیان میں غیر معمولی مہارت حاصل ہے انہوں نے اپنے افسانوں کے لیے ایک ایسی زبان استعمال کی جو ان کے پلاٹ اور موضوع کے ماحول سے گہری مطابقت رکھتی ہے۔ تقسیم کے بعد کے افسانوں میں اُن کے ہاں سستی جذباتیت اور فن پر مقصدیت کا غلبہ دکھائی دیتا ہے۔

راجندر سنگھ بیدی:۔

اس دور کے ایک اور افسانہ نگار بیدی ہیں۔ بیدی کے یہاں بھی کرشن چندر کی طرح رومانیت سے حقیقت نگاری کی طرف مسلسل اور واضح سفر دکھائی دیتا ہے۔ جہاں تک بیدی کے افسانوں کے موضوعات کا تعلق ہے تو انہوں نے اپنے افسانوں میں انسانی دکھوں، پریشانیوں اور محرومیوں کو موضوع بنایا ہے۔ دراصل بیدی خود ایک دردمند شخصیت کے مالک تھے، ان کی دردمندی شخصیت کی بدولت افسانے پر بھی درمندی کی فضاء چھاجاتی ہے۔ جو قاری کو ان کا ہمنوا بنالیتی ہے۔

نقادوں نے بیدی کے افسانوں کی ایک خصوصیت یہ بتائی ہے کہ ان کے کردار اپنے ماحول میں مکمل طور پر بسے ہوتے ہیں۔ ان کا سبب یہ ہے کہ بیدی افسانے کی جزئیات، واقعات و کرداروں کے ماحول اور ان کیا الجھنوں کا اور مسائل کا بہ نظر غائر مطالعہ و مشاہدہ کرتے ہیں۔ اُن کردار گوشت پوست کے جیتے جاگتے انسان ہی نظر آتے ہیں۔ ان کے مشہور افسانوں میں ”اپنے دکھ مجھے دے دو“ اور ”لاجونتی“ شامل ہیں۔

احمد علی:۔

ترقی پسند تحریک کے حوالے سے افسانہ نگاری میں ایک نام احمد علی کا بھی ہے۔ احمد علی کو پہلے پہل شہرت "انگارے" کی وجہ سے ملی۔ انگارے افسانوں کا ایک مجموعہ ہے، جس میں احمد علی کے علاوہ سجاد ظہیر اور ڈاکٹر رشید جہاں کے افسانے بھی شامل تھے۔ بقول ڈاکٹر انور سدید انگارے کی آگ سرد نہیں ہوئی تھی کہ انہوں نے افسانوں کا ایک نیا مجموعہ "شعلے" پیش کر دیا۔ علی احمد نے اپنے افسانوں میں مٹتی ہوئی تہذیب پر بڑی جرات اور بے باکی سے ظفر عزیز اور اس کے قلعے کو پاش پاش کرنے کی کوشش کی۔ جس کی وجہ سے ان کے افسانوں کے خلاف رد عمل احتجاج کی صورت میں نمودار ہوا۔ اور انگارے کے خلاف اعتراضات کا ایک طوفان اُٹھ کھڑا ہوا۔ کیونکہ فن اور خیالات دونوں کے اعتبار سے یہ ایک باغیانہ مجموعہ تھے۔ اس لیے بعد میں اس کتاب کو ضبط کر لیا گیا۔

احمد علی اگرچہ منٹو وغیرہ کی طرح مشہور نہیں ہوئے لیکن ان کے ہاں گہرا شعور ملتا ہے۔ ان کے ہاں حقیقت اور ماورائے حقیقت دونوں کا شعور ملتا ہے۔ ان کی بہترین کہانیوں میں ہماری گلی، پریم کہانی، شامل ہیں۔ احمد علی کا انداز رمزیہ اور لب ولہجہ فلسفیانہ ہے انکے ہاں اعلیٰ درجے کے افسانہ نگار کا شعور ملتا ہے۔

رشید جہاں:۔

رشید جہاں کو بطور افسانہ نگار "انگارے" نے متعارف کرایا۔ تاہم افسانہ ان کی زندگی کا مقصد نظر نہیں آتا بلکہ بقول ڈاکٹر عبادت بریلوی ان کی ہر بات صنف نازک کا مرثیہ معلوم ہوتی ہے۔

اختر حسین رائے پوری:۔

ڈاکٹر انور سدید، اختر حسین رائے پوری کی افسانہ نگاری کا ذکر کرتے ہوئے لکھتے ہیں

کہ اختر کی افسانہ نگاری آسکر وائلڈ اور موپاساں کے زیر اثر شروع ہوئی تھی۔ تاہم ''محبت'' اور ''نفرت'' کے افسانوں میں زندگی کی پکار اور آویزش کو نمایاں اہمیت حاصل ہے اور ان میں سیاسی بیداری کے نقوش بھی ملتے ہیں۔ ان کے آخری دور کے افسانوں ''دیوان خانہ'' میں معاشرتی شعور اور ''جسم کی پکار'' میں جنسی احساس کا پرتو صاف نظر آتا ہے۔

خواجہ احمد عباس:۔

خواجہ احمد عباس ایک ایسا افسانہ نگار ہے جو زندگی کی تعبیر صرف ترقی پسند نظریات کی روشنی میں کرتا ہے۔ اس کے افسانوں میں سماجی مسائل اور سیاسی الجھنوں کو اہمیت حاصل ہے۔ خواجہ احمد عباس ترقی پسند تحریک کا ایسا رپورٹر ہے جس پر افسانہ نگار کا گمان کیا جاتا ہے۔ اس کے کردار حقیقی ہونے کے باوجود غیر فطری نظر آتے ہیں۔

احمد ندیم قاسمی:۔

ان کے رومانی افسانوں میں بیشتر ماحول وادی سون سکسیر کا دیہی منظر نامہ ہے۔ جبکہ سماجی حقیقت نگاری کے لیے احمد ندیم قاسمی نے ہماری دیہی اور شہری معاشرت دونوں کو چنا ہے۔ جبکہ گھریلو ماحول بھی اُن کے ہاں ملتا ہے۔ احمد ندیم قاسمی کی یہ خوبی ہے کہ انہوں نے سماجی حقیقت نگاری کے لیے کہانی میں مکالمہ نگاری کو خوبصورتی سے استعمال کیا ہے۔ اس کی بہترین مثال ''کہانی لکھی جارہی ہے۔'' میں ملتی ہے۔ اس کے ساتھ ساتھ ندیم صاحب متوسط طبقے کی منافقت کی بھی اچھی تصویر کشی کرتے ہیں۔ ''گھر سے گھر تک'' ، ''سفارش'' میں ادنیٰ طبقوں کی منافقتوں کی اچھی فطرت اور وذہنیت کے انتہائی پست پہلو سامنے لائے گئے ہیں۔

فسادات کے حوالے سے لکھے گئے افسانوں میں احمد ندیم قاسمی کو اس لیے فوقیت

حاصل ہے کہ ان میں جانبداری نہیں برتی گئی۔ کیونکہ ندیم صاحب اس بات سے آگاہ تھے کہ اچھے برے لوگ ہر معاشرے میں ہوتے ہیں۔ اس کی بہترین مثال احمد ندیم قاسمی کا افسانہ "پرمیشر سنگھ" ہے۔

کچھ افسانہ نگاروں کا ذرا تفصیل سے اوپر ذکر ہوا، ان کے علاوہ اور بھی بے شمار افسانہ نگار اس دور میں افسانے لکھ رہے تھے مثلاً عزیز احمد، اختر اورینوی، حیات اللہ انصاری، بلونت سنگھ وغیرہ۔

ترقی پسند تنقید

ترقی پسند تنقید شروع میں انتہا پسند کا رجحان زیادہ تھا۔ اس انتہا پسندی کے جوش میں انھوں نے میر تقی میر سے لے کر غالب تک بعض اچھے شعراء کو صرف اس جرم کی پاداش میں یکسر قلم زد کر دیا کہ انھوں نے طبقاتی کشمکش میں کسی طرح کا کردار ادا نہیں کیا۔ اکبر الہ آبادی، حالی، سرسید، اقبال وغیرہ ان کے لیے ناقابلِ قبول قرار پائے۔ لیکن اس ابتدائی جارحیت کے بعد مجنوں گورکھپوری، احتشام حسین، عزیز احمد اور دیگر سلجھے ہوئے ناقدین نے اشتراکیت کے بارے میں اعتدال پسندی سے کام لیتے ہوئے عصری ادب میں نئی جہات دریافت کیں۔ یہی نہیں بلکہ ماضی کے شعراء پر نئے زاویے سے روشنی ڈال کر ان کی عظمت میں اضافہ کیا۔

انھوں نے پہلی مرتبہ مارکسی تنقید کی ابتداء کی۔ اس سلسلے میں جدلیاتی، مادیت، طبقاتی کشمکش اور انقلاب کو سامنے رکھ کر ادب کے مسائل پر غور کیا گیا۔ ذیل میں ہم فرداً فرداً ان نقادوں کی تنقید کا جائزہ لیں گے۔

ڈاکٹر اختر حسین رائے پوری:۔

ترقی پسند تنقید میں پہلا اور اہم نام ڈاکٹر اختر حسین رائے پوری کا ہے۔ مقالہ "ادب

اور زندگی" جو اختر حسین رائے پوری نے ۱۹۳۵ء میں لکھا اُسے مارکسی تنقید کا نقطہ آغاز قرار دیا گیا۔ اختر حسین رائے پوری کا خیال ہے کہ ادب اور انسانیت کے مقاصد ایک ہیں ۔ ادب زندگی کا ایک شعبہ ہے اور کوئی وجہ نہیں کہ مادی سرزمین میں جذباتِ انسانی کی تشریح و تفسیر کرتے ہوئے روح القدس بننے اور عرش پر جا کر بیٹھنے کا دعویٰ کرے۔ ادب کا مقصد یہ ہونا چاہیے کہ وہ ان جذبات کی ترجمانی کرے جو دنیا کو ترقی کی راہ دکھائیں اور ان جذبات پر نفرین کرے جو دنیا کو آگے بڑھنے نہیں دیتے۔ وہ لکھتے ہیں۔

" ادب کا فرضِ اولین یہ ہے کہ دنیا سے ، قوم ، وطن ، رنگ ، نسل اور طبقہ مذہب کی تفریق کو مٹانے کی تلقین کرے اور اس جماعت کا ترجمان ہو جو نصب العین کو پیش نظر رکھ کر عملی اقدام کر رہی ہے۔"

وہ مارکسی تنقید کے اولین نقاد ہیں اور بہت کم لکھنے کے باوجود ان کی تاریخی حیثیت برقرار ہے۔

سید سجاد ظہیر:۔

سجاد ظہیر ترقی پسند تنقیدی تحریک کے بانیوں میں سے ہیں۔ انہوں نے ترقی پسند تحریک کو نظریاتی اساس مہیا کی اور پھر عمدہ وکالت سے اس تحریک کی سب سے نمایاں خدمات انجام دیں۔ تنقید کے موضوع پر انہوں نے باقاعدہ کوئی کتاب تو نہیں لکھی۔ لیکن ان کی کتاب "روشنائی" ترقی پسند تحریک کی تاریخ بھی ہے اور کسی حد تک تنقید بھی ہے۔ سجاد ظہیر اردو کے پہلے نقاد ہیں جن کے مضامین مارکسی تنقید کے آئینہ دار ہیں۔ سجاد ظہیر نے صرف چند مضامین لکھے ہیں ، بقول عبادت بریلوی ان مضامین میں ایسی گہرائی ہے جس نے تنقیدی اعتبار سے ان کو بہت اہم بنا دیا ہے۔

ڈاکٹر عبدالحلیم:۔

ڈاکٹر عبد الحلیم کا بھی وہی حال ہے جو سجاد ظہیر کا۔ ڈاکٹر صاحب نے بھی سجاد ظہیر کی طرح صرف چند تنقیدی مضامین لکھے ہیں۔ اور ان مضامین میں مارکسی تنقید کا نظریہ پوری طرح پیش کیا ہے۔ اس سلسلے میں ان کے مضامین ”ادبی تنقید کے بنیادی اصول“ اور ”اردو ادب کے رجحانات“ قابلِ ذکر ہیں۔ اس کے علاوہ مارکسی تنقید کی عملی شکل کے نمونے ان کے مضامین ” اردو ادب کے رجحانات“ اور ”ترقی پسند ادب کے بارے میں چند غلطیاں“ میں ملتے ہیں۔

مجنوں گورکھپوری:۔

ان کی تنقید نے رومانیت سے مارکسیت کی طرف آہستگی سے سفر کیا، کیونکہ ابتداء میں ان کے یہاں ایک عرصے تک تاثراتی تنقید کا انداز غالب رہا۔ مجنوں کی ابتدائی تنقید تحریریں جو ”تنقید حاشیے“ کے نام سے کتابی صورت میں شائع ہو چکی ہیں، تاثراتی تنقید کا انداز نمایاں ہے۔

بعد میں ان میں مارکسی تنقید کے اثرات غالب نظر آتے ہیں اور یہ ترقی پسند تحریک کا اثر ہے۔ چنانچہ ان کے دوسرے مجموعہ مضامین ” ادب اور زندگی“، ”مبادیاتِ تنقید“ زندگی اور ادب کا بحرانی دور“ اور ”ادب اور ترقی“ میں انہوں نے اپنے قائم کردہ تنقید نظریات کی روشنی میں عملی تنقید کی ہے۔ وہ بھی دوسرے ترقی پسند نقادوں کی طرح ادب کو زندگی کی کشمکش کا رجحان سمجھتے ہیں۔ لیکن مارکسی ہونے کے باوجود اُن کے ہاں ایک توازن کی کیفیت ملتی ہے اور انتہا پسندی اُن کے ہاں پیدا نہیں ہوتی۔

سید احتشام حسین:۔

مارکسی نقادوں میں سید احتشام حسین سب سے موقر، معتبر اور معتدل نقاد تھے۔ انہوں نے نہ صرف مارکسی تنقید کو اساس بنایا بلکہ اسے زندگی کے طرز عمل کے طور پر

قبول بھی کیا۔ تنقید ان کا خاص میدان ہے۔ اوران کی تمام تر توجہ اسی فن کی طرف رہی ہے۔ سید احتشام حسین کے تنقید مضامین کے جو مجموعے شائع ہو چکے ہیں ان میں ”تنقیدی جائزے“ ”روایت اور بغاوت“ ”ادب اور سماج“ ”تنقید اور عملی تنقید“ ”ذوق، ادب اور شعور“ ”افکار و مسائل“ اور ”عکس اور آئینے“ شامل ہیں۔

اُن کے ان مضامین پر نظر ڈالنے سے معلوم ہوتا ہے کہ انہوں نے نہایت متنوع اور مختلف موضوعات پر قلم اُٹھایا ہے۔ انہوں نے تنقیدی نظریات و اصول کے علاوہ شاعری، ناول، افسانہ اور سوانح کی صنف پر توجہ دی اور کئی شعراء و ادباء پر مضامین لکھے جن میں پرانے لکھنے والے بھی شامل ہیں اور نئے لکھنے والے بھی۔ ان مختلف النوع مضامین سے ان کے مطالعے کی وسعت کا اندازہ ہوتا ہے۔

ممتاز حسین:۔

ممتاز حسین بھی مارکسی رجحان کے علمبردار ہیں۔ اگرچہ دوسرے مارکسی نقادوں میں چھوٹے ہیں تاہم ممتاز حسین نے بھی بہت کچھ لکھا اور ان کے مضامین کے تین مجموعے ”نقد حیات، نئی قدریں اور ادبی مشاغل“ شائع ہو چکے ہیں۔ ممتاز حسین کے بھی بعض مضامین میں اصولوں کی بحث ہے جبکہ کچھ علمی تنقید کے متعلق ہے۔ ان کے مضامین تنقید کا مارکسی نظریہ، بدلتی نفسیات، انفعالی رومانیت، آرٹ اور حقیقت اور نیا ادبی فن، وغیرہ میں اصولی اور نظریاتی بحثیں ہیں جبکہ ”نئی غزل کا موجد۔ حالی“ ”اردو شاعری کا مزاج اور غالب“ ”سرسید کا تاریخی کارنامہ“ اقبال اور تصوف وغیرہ تنقیدی تجزیئے ہیں۔

اس میں کوئی شک نہیں کہ ممتاز حسین نے تنقید کے مارکسی نظریے کو بڑی خوبی سے پیش کیا ہے، ان کے ذہن میں اصول اور نظریات بہت واضح ہیں اور ان کے نقطہ نظر میں بڑی استواری ہے، لیکن ان کو پیش کرتے ہوئے وہ ایسی انتہا پسندی سے کام لیتے ہیں

کہ ان کی تنقید میں ایک الجھاؤ پیدا ہو جاتا ہے اور ان کی تنقیدی باتوں کو سمجھنا آسان نہیں ہوتا۔

ظہیر کاشمیری:

ترقی پسند نقادوں میں ایک نام ظہیر کاشمیری کا ہے۔ ظہیر کاشمیری نے ادب کو سماج کے طبقاتی نظام کے حوالے سے پرکھنے کی کوشش کی ہے۔ ان کے دو اہم مضامین "لینن اور لٹریچر" اور "مارکس کا نظریہ ادب" نہ صرف ان کی نظریاتی اساس کو واضح کرتے ہیں بلکہ انہوں نے اس سانچے میں اردو شاعری اور نثر کے بیشتر سرمائے کو پرکھنے کی کوشش بھی کی۔ ظہیر کاشمیری کا تعلق چونکہ ٹریڈ یونین کے ساتھ رہا ہے اس لیے ان کے تنقیدی لہجے میں خطابت کا عنصر نمایاں ہے اور فیصلے میں تیقن اور قطعیت زیادہ ہے

ڈاکٹر عبادت بریلوی:

ڈاکٹر عبادت بریلوی شروع شروع میں مارکسی نظریہ تنقید سے متاثر تھے، لیکن ان کی مارکسیت جلد ہی ختم ہو گئی، اگرچہ ادب اور زندگی کے مابین گہرے تعلق کے وہ اب بھی قائل ہیں۔ عبادت بریلوی نے ترقی پسند تنقید میں حقیقت نگاری کو ملحوظ نظر رکھا اور مارکسزم کو اپنا عقیدہ بنائے بغیر اس سے ادب پارے کی تنقید اور تفسیر میں معاونت کی۔ تنقید میں ڈاکٹر عبادت بریلوی کا طریق عمل سائنسی، انداز منطقی اور اسلوب جمالیاتی ہے۔ عبادت بریلوی قاری پر یورش کرنے کی بجائے اسے ادب پارے کی افادیت اور داخلی حسن کی طرف متوجہ کراتے ہیں۔ عبادت بریلوی نے محدود موضوعات پر کام کرنے کے بجائے تنقید کو وسعت عطا کی اور اردو شاعری میں ہیئت کے تجربے، اردو شاعری کی جدید رجحانات، ادب کا افادی پہلو، جدید اردو شاعری میں عریانی، اردو افسانہ نگاری پر ایک نظر، وغیرہ مضامین میں سیر حاصل جائزے مرتب کیے۔ بلاشبہ ترقی پسند ادب کو جو قبول عام

حاصل ہوا اس میں عبادت بریلوی کی عملی تنقید نے اہم کردار ادا کیا۔

سید وقار عظیم:۔

سید وقار عظیم کی تنقید سماجی اور عمرانی تجزیے پر استوار ہوئی۔ انہوں نے مارکسی نظریات کی بلاواسطہ تائید نہیں کی اور وہ ادب کی اعلیٰ قدروں کی صداقت کو بنیادی قدروں سے الگ شمار نہیں کرتے۔ تاہم انہوں نے ادب کی مقصدیت کو قبول کیا۔ وقار صاحب کی اہمیت اردو افسانوی ادب کے نقاد کی حیثیت سے عام طور پر مسلمہ ہے۔ انہوں نے افسانہ، ناول، داستان اور ڈرامہ کے فن سے متعلق اصولی اور نظریاتی مباحث پر بھی بہت کچھ لکھا اور ان اصناف کے مصنفین پر بھی توجہ دی۔ وقار صاحب کے تنقیدی اسلوب میں بڑی نرمی، دھیما پن اور توازن ہے، ساتھ ہی پختگی اور دل نشینی بھی ہے جو چونکا دینے والی بات کہنے کے شائق نہیں اور نہ ہی ان کی تنقید میں کوئی تیکھا پن یا شوخی ملتی ہے۔ سادگی، سلاست، آہستہ روی اور ذرا سی رنگینی ان کے انداز کی خصوصیات ہیں۔

ترقی پسند تحریک کے دورِ آخر کے نقادوں میں ڈاکٹر محمد حسن اور عابد منٹو قابلِ ذکر ہیں۔ ان نقادوں نے ترقی پسند تحریک کی یک طرفہ قصیدہ خوانی کرنے کے بجائے اس تحریک کے عیوب کا بھی تذکرہ کیا اور ترقی پسند ادباء کی سطحیت پر کھلی تنقید بھی کی۔

ترقی پسند شاعری

فیض احمد فیض:۔

فیض ترقی پسند تحریک کے سب سے بڑے مقبول اور ممتاز شاعر تھے۔ انہوں نے اپنے اندر رومانی آواز کو زندہ رکھا۔ چنانچہ ان کے بارے میں کہا گیا ہے کہ عاشقی فیض کی عبادت ہے اور ترقی پسندی ان کا فرض ہے۔ جب فرض غالب آجاتا ہے تو ان کے سامنے ایک دیوار کھڑی ہو جاتی ہے، لیکن فیض جب عشق کی عبادت کرتے ہیں تو اس میں دونوں

جہاں ہار کے بھی مطمئن نہیں ہوتے۔ فیض کی اکثر نظموں میں آفاقیت پائی جاتی ہے۔ وہ صرف اپنے گردو پیش یا اپنے ملک ہی بدحالی پر نوحہ کناں نہیں بلکہ انہیں پوری دنیا کے مظلوموں سے گہری ہمدردی ہے۔ آجاؤ افریقہ، ایرانی طلبہ کے نام، اور آخری رات جیسی نظمیں ان کی شعری آفاقیت کا منہ بولتا ثبوت ہے۔

دراصل وہ رومانیت اور حقیقت کے سنگم پر کھڑے ہیں۔ اور یہی ان کی عظمت کا راز ہے۔ اُن کے ہاں وطن کی محبت ایک بنیادی حیثیت رکھتی ہے۔ اُن کی نظم ''صبح آزادی، اور نثار میں تیری گلیوں کے اس کا منہ بولتا ثبوت ہیں۔

نثار میں تیری گلیوں کے اے وطن کے جہاں
چلی ہے رسم کہ کوئی نہ سر اٹھا کے چلے
جو کوئی چاہنے والا طواف کو نکلے
نظر چرا کے چلے جسم و جاں بچا کے چلے

علی سردار جعفری:۔

علی سردار جعفری مارکسی فلسفے کے دلدادہ ہیں اور ان کی شاعری اسی نظریے کے گرد گھومتی ہے۔ وہ انقلاب کی باتیں نہایت جوش و خروش سے کرتے ہیں۔ وہ ادیب کو انقلابی سپاہی بننے کی تلقین کرتے ہیں۔ وہ اس نظریے کے قائل ہیں حق مانگنے سے نہیں ملتا بلکہ چھین کر لیا جاتا ہے۔ سامراجی لڑائی، انقلاب روس، جشن بغاوت، سیلاب چین ان کی باغیانہ سوچ میں لپٹی ہوئی نظمیں ہیں۔ ان کے ہاں سرمایہ دار اور تاجر کے مقابلہ میں مزدور، اور کسان کو وقعت حاصل ہے۔ ان کا خیال ہے کہ انقلاب قلم سے نہیں بلکہ بندوق سے لایا جا سکتا ہے۔

میرے ہاتھ سے میرا قلم چھین لو

اور مجھے ایک بندوق دے دو

جاں نثار اختر:۔

جاں نثار اختر کی شاعری میں رومانیت بھی ہے اور ترقی پسندی بھی ہے۔ ان کی محبوبہ ان کا ترقی پسند نظریہ ہے، جو کبھی آزادی وطن کے گرد اور کبھی اشتراکیت کے گرد گھومتا ہے۔ امن نامہ، مراجعت، خاموش آواز اور کوسا گیت سنو گی انجم، ان کی مشہور نظمیں ہیں جن کے پس منظر میں اشتراکی نظریہ کار فرما ہے۔ ان کی غزلوں میں تلخی کے بجائے شیرینی اور دھیما پن موجود ہے۔

ساحر لدھیانوی:۔

ساحر لدھیانوی نے ثناخوان تقدیس مشرق، چکلے، تاج محل اور مادام جیسی نظمیں لکھ کر ترقی پسندوں میں اپنی ساکھ قائم کی۔ انہوں نے سماجی برائیوں کی نشاندہی کی اور شاعری کو نظریاتی تبلیغ کا ذریعہ بنایا۔ انہوں نے سماج کے پسماندہ افلاس زدہ طبقے کی نمائندگی کی۔ ان کا انقلابی رنگ نظموں ہی میں نہیں بلکہ گیتوں میں بھی جھلکتا ہے۔

یہ محلوں یہ تختوں یہ تاجوں کی دنیا
یہ انساں کے دشمن سماجوں کی دنیا
یہ دولت کے بھوکے رواجوں کی دنیا
یہ دنیا اگر مل بھی جائے تو کیا ہے

مخدوم محی الدین:۔

مخدوم محی الدین کی شاعری میں وفور عشق، نظری محبوبہ، نعرہ انقلاب اور جذبہ بغاوت کی فراوانی ہے۔ وہ فیض کی شاعری سے متاثر ہیں۔ ان کا خیال ہے کہ مفلس لوگ محنت کرکے پیسے والے لوگوں کو سرمایہ دار بناتے ہیں اور سرمایہ دار انہیں جو کچھ دیتے ہیں

اجرت سمجھ کر نہیں بلکہ بھیک سمجھ کر دیتے ہیں۔

بھیک کے نور میں مانگے کے اجالے میں مگن
یہی ملبوس عروسی ہے، یہی ان کا کفن

اسرار الحق مجاز:۔

مجاز نے اپنی غزل میں بھی انقلابی اور ترقی پسندانہ نظریہ کی اشاعت اور نظم میں بھی۔ ان کی شاعری میں داخلیت بھی ہے اور خارجیت بھی، رومانیت بھی اور ترقی پسندیت بھی۔ ان کی ترقی پسندانہ نظموں میں انقلاب، آوارہ، مجھے جانا ہے اک روز، سرمایہ داری قابل ذکر ہیں۔ مجاز انقلاب کے خواہاں ہیں اور چاہتے ہیں کہ فی الفور بپا ہو جائے۔

تو انقلاب کی آمد کا انتظار نہ کر
جو ہو سکے تو ابھی انقلاب پیدا کر

ظہیر کاشمیری:۔

ترقی پسندوں میں ظہیر کاشمیری ایک پرجوش انقلابی ہیں۔ ان کے شعری لہجہ میں جوش وخروش، گھن گرج اور نعرہ بازی کا سا چلن ہے۔ ان کی سوچ میں یاسیت نہیں بلکہ رجائیت کا غلبہ ہے۔ وہ خود ترقی پسندوں کو چراغ آخر شب قرار دیتے ہوئے لکھتے ہیں،

ہمیں ہے علم کہ ہم ہیں چراغ آخر شب
ہمارے بعد اندھیر نہیں اجالا ہے

احمد ندیم قاسمی:۔

احمد ندیم قاسمی نہایت محتاط رویہ کے ترقی پسند ادیب اور شاعر ہیں۔ ان کی شاعری میں توازن اور اعتدال کی کیفیت ملتی ہے۔ ان کی شاعری میں رومانیت بھی پائی جاتی ہے۔ اور ترقی پسندی بھی۔ بقول وزیر آغا انہوں نے خود کو ہر زمانے کی تازہ کروٹوں سے اخذو

اکتساب کی طرف مائل کیا۔ اور یہ پہلو انہیں دوسرے ترقی پسند شعراء سے ممتاز کرتا ہے۔

جہاں پھولوں کی خوشبو بک رہی ہو

مجھے ایسے چمن سے دور لے جاؤ

جہاں انساں کو سجدہ رواہے

مجھے ایسے وطن سے دور لے جاؤ

اس کے علاوہ جگر، جوش، کیفی اعظمی، محمد صفدر میر، قمر رئیس، قتیل شفائی وغیرہ جیسے شاعروں کی ایک طویل فہرست ہے جو کہ ترقی پسند نظریات سے متاثر ہو کر شاعری کرتے رہے۔

***

اردو ناول پر ترقی پسند تحریک کے اثرات

ڈاکٹر محمد عبدالعزیز سہیل

سردار جعفری کی نظم نگاری کے دو تیور ہیں، ایک Prosaic یعنی نثری اور دوسرا اس کے بالکل برعکس انتہائی شاعرانہ، دلکش اور والہانہ، میرا ذاتی خیال ہے کہ جب وہ محسوس کرتے کہ انہیں صرف پیغام دینا ہے، اس سے زیادہ کچھ نہیں، تو وہ اپنے منصب سے نیچے اتر جاتے تھے۔ شاید یہ ترقی پسندی کی وہ دین ہے جس میں اس بات پر کبھی زور دیا گیا تھا کہ شاعری پروپیگنڈے کا بھی نام ہے، ایک آلہ ہے، ایک ہتھیار ہے۔ لیکن جب انہیں اس امر کا احساس ہو جاتا کہ ان تمام چیزوں پر فضیلت رکھنے والی چیز Poetic Sensibility اور اس کا اظہار ہے تو وہ اردو کے اہم ترین نظم نگاروں کے شانہ بشانہ ہی نہیں بلکہ کہیں کہیں آگے نکلتے ہوئے معلوم ہوتے ہیں۔ خواہ وہ فیض ہی کیوں نہ ہوں۔

اردو ادب کی تاریخ میں بیسویں صدی اہم تبدیلیوں کی صدی رہی۔ اس صدی کی چوتھی دہائی میں ترقی پسند تحریک نے اردو ادب پر گہرے اثرات مرتب کئے۔ جس کی وجہہ سے ادب شاہی سرپرستی سے نکل کر عوام کی دہلیز پر آگیا۔ اس تحریک نے پہلے ادیبوں اور شعراء کے ذہنوں پر اثر کیا اور ادباء و شعراء نے ادبی اصناف میں طبع آزمائی کے ذریعے عوام کے دلوں پر اثر کیا۔ ترقی پسندوں نے ادب کو افسانہ، آزاد نظم اور رپورتاژ نگاری کے فن سے ہمکنار کیا وہیں ناول نگاری کو بھی بام عروج پر پہنچا دیا۔ ترقی پسند تحریک

کے پیش نظر ان کے نظریات کو پیش کرنا تھا۔

ترقی پسند تحریک اردو ادب کیلئے ایک نئی تحریک تھی جو بیسویں صدی کے چوتھے دہے میں وجود میں آئی، اس تحریک کا آغاز دراصل ۱۹۱۷ء کے روسی انقلاب سے ہوا۔ روسی انقلاب کے اثرات ساری دنیا پر مرتب ہوئے۔ ہندوستان پر بھی اس واقعہ کے گہرے اثرات پڑے اور ہندوستان کی جدوجہد آزادی میں تیزی آئی۔ سیاسی کشمکش کی بدولت نوجوان طبقے میں اشتراکی رجحانات کو فروغ حاصل ہوا۔ شعراء اور ادباء لینن اور کارل مارکس کے نظریات سے متاثر ہوئے۔ جولائی ۱۹۳۵ء میں پیرس میں دنیا بھر کے ادیبوں کی ایک کانفرنس منعقد ہوئی۔ لندن میں مقیم ہندوستانی ادیبوں سجاد ظہیر اور ملک راج آنند نے س کانفرنس میں ہندوستان کی نمائندگی کی۔ سجاد ظہیر اور ملک راج آنند نے چند دنوں بعد کچھ ہندوستانی طلباء جو لندن میں مقیم تھے ان کو ساتھ لیکر۔ "انجمن ترقی پسند مصنفین" کا قیام عمل میں لایا۔ اس ہندوستانی انجمن کا پہلا جلسہ لندن میں منعقد ہوا۔ انجمن کا صدر ملک راج آنند کو بنایا گیا۔ انجمن ترقی پسند مصنفین جو ترقی پسند تحریک کے نام سے مشہور ہوئی، جس کے قیام کا مقصد فن اور ادب کو رجعت پرستوں سے آزادی دلانا، ادب کو عوام کے قریب لانا، ادب کے ذریعہ سماجی مسائل کو پیش کرنا، ناانصافیوں کے خلاف آواز بلند کرنا اور واقعیت اور حقیقت نگاری پر زور دینا تھا۔ ترقی پسند تحریک کے ان مقاصد کو لوگوں نے پسند کیا اور اس تحریک کا خیر مقدم کیا۔ اس تحریک کو منشی پریم چند جیسے نامور ادیب و مشہور افسانہ نگار کی سرپرستی حاصل تھی ساتھ ہی علامہ اقبال اور ڈاکٹر مولوی عبدالحق نے بھی اس تحریک کی حمایت کی اس تحریک سے اتفاق رکھنے والوں میں منشی پریم چند، جوش ملیح آبادی، ڈاکٹر عابد حسین، نیاز فتح پوری، قاضی عبدالغفار، فراق گورکھپوری، مجنوں گورکھپوری، علی عباس حسینی، سردار جعفری، جاں نثار اختر، مجاز،

حیات اللہ انصاری اور خواجہ احمد عباس کے نام قابل شامل ہیں۔

اردو ادب میں ناول نگاری کا آغاز ڈپٹی نذیر احمد سے ہوتا ہے۔ اس صنف کو آگے بڑھانے والوں میں پنڈت رتن ناتھ سر شار، عبد الحلیم شرر، سجاد حسین، راشد الخیری، مرزا ہادی رسوا شامل ہیں۔ منشی پریم چند نے اپنے ناولوں میں ملکی مسائل خصوصاً دیہاتی زندگی کے مسائل کو اپنے ناولوں کا موضوع بنایا ان کے اہم ناولوں میں بیوہ، بازار حسن، نرملا، میدان عمل، گئودان، اور توشۂ عافیت شامل ہیں۔ ترقی پسند ادیبوں نے ناول نگاری کے ذریعے عصر حاضر کے مسائل کو زندگی کی حقیقتوں کا ترجمان بنایا۔ ترقی پسند تحریک سے تعلق رکھنے والے ادیب سجاد ظہیر نے اپنے ناول "لندن کی ایک رات" میں اس صنف کو نئی ٹکنیک سے ہمکنار کیا اور ادب میں شعور کی رو کی ٹکنیک کو پیش کیا۔ ادب کے اس میدان میں خواتین نے بھی اپنی صلاحیتوں کو منوایا ہے۔ عصمت چغتائی نے "ضدی" اور "ٹیڑھی لکیر" جیسے شہکار ناول لکھے۔ اور خواتین پر ہونے والے ظلم و ستم کو پیش کیا۔ کرشن چندر نے مختصر افسانوں میں اپنے فن کا لوہا منوانے کے ساتھ ساتھ اپنے شہکار ناول شکست، جب کھیت جاگے لکھ کر ناول کے فن کو فروغ بخشا۔ سماج کے طبقات کی زندگی اور مسائل کو اجاگر کیا۔ عزیز احمد بھی ترقی پسند تحریک کا حصہ تھے انہوں نے "ایسی بلندی ایسی پستی، گریز، شبنم، آگ اور ہوس جیسے بہترین ناول لکھا اور ادب کی خدمت کی۔ قرۃ العین حیدر نے اپنے ناولوں "میرے بھی صنم خانے، سفینۂ دل، آخری شب کے ہم سفر، آگ کا دریا کے ذریعے اردو کے صف اول اور نامور ناول نگاروں میں اپنا مقام بنالیا۔

پروفیسر مجید بیدار ترقی پسند ناول نگاروں سے متعلق اپنے خیالات بیان کرتے ہوئے لکھا ہے۔

"ترقی پسند ناول نگاروں نے ہر قسم کی حقیقتوں کو ناول میں پیش کیا ناول شکست،

(کرشن چندر)، ٹیڑھی لکیر (عصمت چغتائی)، گریز، (عزیز احمد)، لندن کی ایک رات، (سجاد ظہیر) کے ناولوں نے ادب میں اہم مقام حاصل کیا جس کے بعد قرۃ العین حیدر کے ناول "آگ کا دریا"، "میرے بھی صنم خانے" کو شہرت حاصل ہوئی۔""(اردو کی شعری و نثری اصناف، ص ۱۳۵)

بقول قمر رئیس کے ناول کا فن زندگی کی تخیلی کی تشکیل نو کا فن ہے۔ اس فن کو ترقی پسند تحریک کے زیر اثر ناول نگاروں نے ناول میں برتا۔ سجاد ظہیر نے اپنے ناولوں میں الفاظ کے تخلیقی استعمال کا اعلی نمونہ پیش کیا۔ تو عصمت چغتائی نے اپنے ناولوں میں عصری بصیرت بہتر طریقے سے استعمال میں لایا، ان کے ناولوں میں انہوں نے اپنے تجربات اور مشاہدات کو منفرد اسلوب میں پیش کیا۔ عزیز احمد کا اسلوب نگارش بھی بہت خوب تھا انہوں نے اپنے ناولوں میں بے باکی اور زندگی کی موثر ترجمانی کی ہے۔ کرشن چندر کے ناولوں میں ان کا اسلوب اپنی رنگینی، شادابی اور شاعرانہ مزاجی کے لیے مشہور ہے۔ عصمت چغتائی کا اسلوب اپنی شوخی کی وجہہ سے انفرادیت رکھتا ہے۔ حیات اللہ انصاری نے اپنے ناولوں میں ہندوستانی عوام اور ان کی آزادی کی کوششوں کو بڑے ہی مفکرانہ اور دانشورانہ انداز میں رقم کیا ہے۔ خواجہ احمد عباس نے بھی حیات اللہ انصاری کی طرح ہندوستانی عوام اور ان کی آزادی کی جستجو کو قلم بند کیا ہے۔

نور الدین محمد نے اپنے مضمون میں ترقی پسند تحریک کے اردو ناول نگاری پر مرتب اثرات سے متعلق بیان کرتے ہوئے لکھا ہے۔

"بیسویں صدی کے سماجی و سیاسی حالات اردو ناول کو بھی فروغ دینے کا باعث بنے۔ ہندستان کی بدلتی ہوئی سماجی و معاشرتی زندگی اور نئی پرانی قدروں کے تصادم نیز ترقی پسند تحریک نے اردو شاعری اور افسانے کے بعد سب سے زیادہ اثر اردو ناول پر ہی ڈالا۔ اس

طرح ناول کے فن کے لیے ایک نیا راستہ ہموار ہوا اور اب ناول محض اصلاح، مذاق، دل بہلاؤ اور مثالی زندگی کی تلاش یا خیالی پلاؤ اور تصنع سے نکل کر اس حقیقی اور عملی زندگی کی طرف قدم رکھا جس کی جھلک پریم چند نے دکھائی تھی۔ ترقی پسند ادیبوں نے تازہ ترین مسائل کو ساتھ لے کر سماجی حقیقت نگاری کی بنیادوں پر سوالات کے نئے نئے گوشے اجاگر کیے، آئین نو اور طرز کہن کی کشمکش کا خوبصورت علاج و معالجہ کیا اور اس طرح اردو ناول حقیقت کی ایک نئی دنیا میں داخل ہوا جو پریم چند کی دنیا کا اگلا قدم تھا۔ (اردو ناول نگاری ایک مطالعہ، ہماری ویب ڈاٹ کام)

ترقی پسند ادیبوں ناول نگاری میں زندگی کی حقیقتوں کو اپنا موضوع بنایا ان کے دل میں قوم کا درد تھا جو کچھ وہ دیکھتے اور اس کو محسوس کرتے اس کو ناول کے سانچے میں ڈھال دیتے۔ یہی وجہ ہے کہ ان ادیبوں کی ناولوں میں صداقت کو پہلو نمایاں نظر آتا ہے۔ ان کے ناول میں صرف اقربا پروری قدیم عقائد اور زمانے سے چلی آنے والی رسم و رواج کی کشمکش اور پیچیدگی ہی نہیں بلکہ آزادی، انصاف اور انسان دوستی کے نئے ادارے، نئی دنیا کی تلاش اور نئے خوابوں کی تعبیر بھی نظر آتی ہے۔

ڈاکٹر سیّد محمد یحیٰی صبا ناول کا ارتقاء اور ترقی پسند تحریک سے متعلق رقم طراز ہیں۔

"ترقی پسند تحریک کے ادیبوں نے مارکسزم اور موجودہ سائنس اور سماجی علوم کی روشنی میں اپنا اظہار خیال کیا۔ ان لوگوں کا مقصد سماجی اصلاح تھا اور اس کام کو ان لوگوں نے ایک جذبہ امید اور پروگرام کے تحت بخوبی انجام دیا۔ اس کا پرچار ان لوگوں نے اردو ادب میں افسانہ لکھ کر کیا یہی وجہ ہے کہ شروع ہی سے ترقی پسند تحریک کا رویہ زندگی کے بارے میں صداقت پر مبنی تھے۔ سجاد ظہیر، کرشن چندر، عصمت چغتائی عزیز احمد اس زمانہ کے ناول نگار تھے۔ ان بزرگوں میں سوچنے سمجھنے اور اظہار خیال کا انداز جداگانہ

تھا۔ یہ لوگ درمیانی طبقہ کے لوگ تھے قدامت پرستی رسم رواج اور اخلاقی بندھنوں کی چہار دیواری میں قید تھا جس کا مستقبل تاریک ہی تاریک نظر آرہا تھا جس کا احساس ان لوگوں کو شدت سے تھا کہ یہ طبقہ برباد ہونے جارہا ہے۔ یہ طبقہ اپنے قدیم رواج کی ڈوری میں جکڑا ہوا شاید ہمیشہ رہ جائے اور اس کا پھر بہت برا ہو جائے آخر کار انہوں نے اس طبقہ کے لوگوں کو تعلیم کی دعوت دی انسانیت اور جدید و قدیم کے موضوع پر نہایت ہی خلوص و محبت کے ساتھ تبلیغ کی۔ یہ تبلیغ ان لوگوں نے تحریری اور تقریری دونوں طرح سے کی۔ ان لوگوں نے جدید سائنس کی روشنی میں اچھے مواد اور فن کی کسوٹی پر ناول نگاری کر کے متوسط طبقہ کے لوگوں کو بیدار کیا جیسا کہ سجاد ظہیر نئے ناول "لندن کی ایک رات" میں اپنا دانشورانہ جذبات و احساسات اور داخلی اظہار خیال کی تکنیک سے تخلیقی حسن کو پیراہن بخشا یہ ناول سجاد ظہیر کی وہ نثری کاوش ہے جو ۱۹۳۸ء سے اب تک مسلسل شائع ہوتی رہی ہے ناولٹ کے متن اور مواد کی اہمیت کی پیش نظر تنقیدی ایڈیشن بھی سامنے آتے رہے ہیں۔ یہ ناول اردو میں فنی نقط نظر سے جدید ناول کی خشت اول ہے۔ لندن کی ایک رات ترقی پسند ادب کا ابتدائی نمونہ ہے۔ (اردو ناول کا ارتقاء، اردو کی برقی کتابیں)

بہر حال اس بات سے انکار نہیں کے ترقی پسند تحریک نے اردو ادب پر بہت گہرے اثرات مرتب کیئے ہیں خصوص ادب میں زندگی کی حقیقتوں کو بیان کرنا اور عام انسانوں کے مسائل، خواتین کے خلاف ظلم و ستم ناانصافی، دیہاتیوں کا استحصال یہ ایسے مسائل تھے جن کو پیش کرنا نہایت ضروری تھا۔ تاکہ عوام میں شعور کو بیدار کیا جائے ان کے معمولات زندگی کو تبدیل کیا جائے استعماری قوت کے خلاف ان کو متحد کیا جائے تاکہ وہ جدوجہد کریں اور اپنے حق کو حاصل کریں۔

ڈاکٹر قمر رئیس ترقی پسند ناول نگاروں کے تجربات سے متعلق لکھا ہے:

"عام بیانیہ اور حقیقت پسندانہ روایت سے ہٹ کر بھی ترقی پسند ادیبوں نے ناول کے میدان میں اہم تجربے کیے ہیں خواجہ احمد عباس نے اپنے ناولٹ "سیاہ سورج سفید سایے"'میں اشتراکی جمہوریت کے راستے پر گامزن نو آزاد ملکوں کے خلاف سامراجی طاقتوں کی گھناؤنی سازشوں کو بے نقاب کیا ہے۔ کرشن چندر کے نیم تمثیلی قصے اور فنطاسیے بھی عصر حاضر کے تضادات کے گہرے شعور کی غمازی کرتے ہیں"'(ترقی پسند تحریک اور اردو ناول، تنقید تناظر، ص ۱۷۱)

ناول نگاری کا فن بیسویں صدی میں کافی ترقی حاصل کیا جس کی وجہ صرف اور صرف ترقی پسند تحریک تھی اس تحریک کے ذریعے اس سے وابستہ ادباء نے ٹکنیک اور اظہار کے تجربات کیے جس کے نتیجے کے طور پر اردو شعر و ادب کی مختلف شعری و نثری اصناف میں وسعت پیدا ہوئی، تازگی اور رنگارنگی آئی۔ دراصل یہ سب حقیقت نگاری کی وجہ سے ممکن ہو پایا اردو ناول مجموعی طور پر ترقی پسند نظریہ ادب اور زندگی سے بہت زیادہ قریب رہا۔

***

ترقی پسند ادبی تحریک کا آزادی کی جدوجہد میں حصّہ

ڈاکٹر وسیم انور

دنیا میں جہاں بھی انقلاب رونما ہوا، وہاں کے شعر و ادب نے اس میں نمایاں رول ادا کیا ہے۔ خواہ امریکہ کی جنگ آزادی ہو یا انقلاب فرانس یا یونان کا معرکہ حریت یا انقلابِ روس، ہر جگہ اس نے اپنے دیرپا اور گہرے نقوش چھوڑے ہیں۔ اس طرح اگر ہم ہندوستان کی جدوجہد آزادی میں اردو شاعری کے کردار کا مطالعہ کریں تو یہ حقیقت واضح ہوگی کہ اردو شاعری ہر گام، ہر ڈگر اور ہر موڑ پر آزادی کی نقیب رہی ہے۔ اردو شاعری نے جس جوش و خروش اور گھن گرج کے ساتھ تحریک آزادی میں حصّہ لیا وہ عدیم المثال ہے۔

ہندوستان میں انگریزوں کے بڑھتے ہوئے عمل و دخل اور ان کی سامراجی چالوں، سیاسی عیاریوں، معاشی استحصال اور ثقافتی یلغار کے دوررس منفی اثرات کو اردو شاعری نے محسوس کر کے ان کے خلاف کبھی دھیمے لہجے میں اور کبھی بلند آہنگی کے ساتھ صدائے احتجاج بلند کی اور انگریزی غلامی کی زنجیروں کو توڑنے اور ملک و قوم کے پیروں میں پڑی بیڑیوں کو کاٹنے کے لئے برابر آواز اٹھائی اور سوتوں کو جگا کر عزم واستقلال اور جہد و عمل کی دعوت دی۔

یہ اردو شاعری کے لئے قابل فخر بات ہے کہ جنگ آزادی کے ہر مرحلے پر وہ پیش

پیش رہی ہے، اور اس نے اپنی تمام تر اصناف حتیٰ کہ غزلوں کے ذریعہ بھی مجاہدوں اور سورماؤں کے دلوں کو گرمایا، ان کی ہمت بندھائی اور ان کا حوصلہ بلند کیا۔ اردو کے قدیم وجدید سبھی شعراء کے یہاں یہ رجحان نظر آتا ہے۔

انگریزی اقتدار کے بعد ملک کے مایوس کن حالات کے زیر اثر غالب کے لہجے میں بھی حزن و ملال کا زیر و بم سنا جاسکتا ہے۔ مولانا حالی اور مولانا شبلی کے کلام کا خاصہ حصہ جنگ آزادی کے لئے وقف ہے۔ اکبر الہ آبادی نے مغربی تہذیب کی تردید کے لئے طنز و مزاح کو اپنایا۔ چکبست، درگا سہائے سرور اور تلوک چند محروم کی نظموں نے اہلِ وطن میں حب الوطنی کے جذبات بیدار کئے۔ مولانا حسرت موہانی اور مولانا ظفر علی خاں نے غیر ملکی اقتدار کو کھلے عام چیلنج کیا اور جنگِ آزادی کے سپاہیوں کے خون کی گردش تیز کی۔ علامہ اقبال نے حب الوطنی کے جذبات کو گہرائی و گیرائی عطا کی۔ انہوں نے قومی اتحاد، فرقہ وارانہ ہم آہنگی اور ملک و قوم کی آزادی کے تصورات کو فلسفیانہ اساس فراہم کرتے ہوئے پورے ایشیاء میں آزادی اور خودداری و بیداری کی ایک لہر دوڑادی۔

جوش ملیح آبادی کی نظموں نے بھی تحریک آزادی کی رفتار کو تیز کیا اور ان کی انقلابی نظمیں مقبول ہوئیں۔ اس پس منظر میں ترقی پسندوں کی نسل سامنے آئی۔

۱۹۳۵ء میں لندن میں "ہندوستانی ترقی پسند مصنفین کی انجمن" وجود میں آئی، جس کے مینی فیسٹو میں کہا گیا کہ ادیب کو ظلم و جبر غلامی اور سامراجی اقتدار کے خلاف آواز اٹھانی چاہیے۔ آزادی اور اتحاد کے جذبہ کو پیدا کرنا چاہیے۔ محنت کش عوام اور مزدوروں کی طرف داری کرنی چاہیے۔ قدیم توہم پرستی اور مذہبی منافرت کو ترک کرنا چاہیے۔ ماضی کی عظیم تہذیب سے انسان دوستی، حق پرستی اور صلح جوئی کو حاصل کرلینا چاہیے۔ اور جو باتیں زندگی سے فرار سکھاتی ہیں انہیں چھوڑ دینا چاہیے۔

انجمن ترقی پسند مصنفین کے مقاصد میں سے ایک مقصد یہ بھی تھا کہ "رجعت پسند رجحانات کے خلاف جدوجہد کرکے اہل ملک کی آزادی کی کوشش کرنا"۔ الٰہذا اس ضمن میں ترقی پسند ادیبوں اور نقادوں نے اہم رول ادا کیا۔

ترقی پسند مصنفین کی انجمن کے ایک ممتاز رکن ڈاکٹر اختر حسین رائے پوری نے جدوجہد آزادی میں عملی حصہ لینے کے لئے ترقی پسندوں کو دعوت دیتے ہوئے کہا:

"اگر ہم ترقی پسند ہیں اور ہمارا ادب اپنے فرض کا پابند ہے تو ہمیں اس جنگ میں عملی حصہ لینا ہے۔ ہماری دعائیں یا بد دعائیں کچھ بنا بگاڑ نہیں سکتیں"۔۲

۱۹۳۶ء میں ترقی پسند مصنفین کی پہلی کل ہند کانفرنس منعقد ہوئی جس میں پریم چند نے اپنے تاریخی خطبۂ صدارت میں فرمایا کہ:

"ہماری کسوٹی پر وہ ادب کھرا اترے گا جس میں تفکر ہو، آزادی کا جذبہ ہو، حسن کا جوہر ہو، تعمیر کی روح ہو، زندگی کی حقیقتوں کی روشنی ہو، جو ہم میں حرکت، ہنگامہ اور بے چینی پیدا کرے، سلائے نہیں کیونکہ اب زیادہ سونا موت کی علامت ہے۔۳

اسی کانفرنس میں مولانا حسرت موہانی نے اپنی تقریر میں ترقی پسند ادیبوں سے واضح طور پر کہا کہ ہمارے ادب کو جدوجہد آزادی کی تحریک کا ترجمان ہونا چاہیے:

"ہمارے ادب کو قومی آزادی کی تحریک کی ترجمانی کرنی چاہیے۔ اسے سامراجیوں اور ظلم کرنے والے امیروں کی مخالفت کرنا چاہیے۔ اسے مزدوروں اور کسانوں اور تمام مظلوم انسانوں کی طرف داری اور حمایت کرنا چاہیے۔ اس میں عوام کے دکھ سکھ، انکی بہترین خواہشوں اور تمناؤں کا اظہار اس طرح کرنا چاہیے جس سے ان کی انقلابی قوت میں اضافہ ہو اور وہ متحد و منظم ہو کر اپنی جدوجہد کو کامیاب بنا سکیں۔۴

الہ آباد کی دوسری کانفرنس (مارچ ۱۹۳۸ء) میں پنڈت جواہر لال نہرو نے بڑی بے

لاگ تقریر کرتے ہوئے ادب اور سیاست کے مابین فرق کی وضاحت کی اور پھر ادیب اور سماج دونوں کے باہمی تعلق پر روشنی ڈالتے ہوئے کہا کہ ادیب کو اپنے دور کے سماج کا نمائندہ ہونا چاہیے۔ اپنی تقریر کے آخر میں انہوں نے یورپ کے ترقی پسند مصنفین کی انجمنوں کی مثال دیتے ہوئے کہا وہاں عوامی بیداری پیدا کرنے میں اور انقلابات لانے میں ایسی انجمنوں اور مصنفوں کا بڑا ہاتھ رہا ہے:

"آنے والے انقلاب کے لئے ملک کو تیار کرنا، اس کی ذمہ داری ادیب پر ہوتی ہے۔ آپ! لوگوں کے مسئلوں کو حل کیجئے، ان کو راستہ بتایئے لیکن آپ کی بات آرٹ کے ذریعہ ہونی چاہیے۔ نہ کہ منطق کے ذریعہ۔ آپ کی بات ان کے دل میں اتر جانی چاہیے۔ ہندوستان میں ادیبوں نے بڑا اثر کیا ہے۔ مثلاً بنگال میں ٹیگور نے، لیکن ابھی تک ایسے ادیب کم پیدا ہوئے جو ملک کو زیادہ آگے لے جاسکیں۔ انجمن ترقی پسند مصنفین کا قیام ایک بڑی ضرورت کو پورا کرتا ہے اور اس سے ہمیں بڑی امیدیں ہیں۔ ۵ ؎

انجمن ترقی پسند مصنفین کے ایما پر سبط حسن نے مارچ ۱۹۴۰ء میں ادارۂ "نیا ادب" لکھنؤ سے آزادی کی نظمیں کے عنوان سے ایک مجموعہ مرتب کر کے شائع کیا۔ جس میں غالب سے لے کر ۱۹۴۰ء تک کے شعراء کی ایسی نظمیں شامل تھیں جن سے قومی بیداری اور جدوجہدِ آزادی کو تقویت ملے۔ اس مجموعے کا دیباچہ رفیع احمد قدوائی نے لکھا۔ جس میں انہوں نے آزادی کے تصور کا ارتقاء اور اردو شاعری میں آزادی کے تصور سے بحث کرتے ہوئے آخر میں اس مجموعے کا تعارف کراتے ہوئے کہا:

"آزادی کی نظموں کا زیر نظر مجموعہ صرف نظموں کا مجموعہ نہیں ہے بلکہ احساسِ غلامی کے ارتقاء کی تاریخ ہے اور مجھے خوشی ہے کہ مرتب نے انتخاب کی بنیاد قومی زندگی کی حقیقتوں پر رکھی ہے۔ اس انتخاب سے اس دعویٰ کی بھی تائید ہوتی ہے کہ ادب اور

زندگی میں چولی دامن، کا ساتھ ہے۔ اگر ان نظموں کو غور سے پڑھا گیا تو نہ صرف آزادی کے تصور کا تدریجی ارتقاء واضح ہو جائے گا بلکہ یہ بھی معلوم ہو جائے گا کہ آج کس منزل پر ہیں، ہمارے رجحانات کیا ہیں اور ہماری آئندہ منزل کیا ہوگی۔۶؎

قدوائی صاحب نے اس مجموعے کی اشاعت کو ایک قومی خدمت قرار دیا لیکن برطانوی حکومت اس کی اشاعت کو برداشت نہ کر سکی اور فوراً اس مجموعے کو ضبط کر لیا گیا۔

دوسری اور تیسری کانفرنس کی درمیانی مدّت میں انجمن تنظیمی لحاظ سے تعطل کا شکار رہی۔ اس دوران سجاد ظہیر اور بہت سے ترقی پسندوں کو جیلوں میں ڈال دیا گیا۔ جب دو سال بعد سجاد ظہیر جیل سے رہا ہوئے تو بین الاقوامی سیاسی صورت حال ایک خطرناک موڑ سے گزر رہی تھی۔ دوسری جنگ عظیم کا آسیب چاروں طرف مسلط تھا۔ اس صورت حال میں جنگ کے متعلق اپنی پالیسی طے کرنے کے لئے ۱۹۴۲ء میں انجمن کی تیسری کل ہند کانفرنس کا انعقاد دہلی میں کیا گیا۔ جس میں ایک اہم قرارداد پیش کی گئی کہ ہم ترقی پسند اتحادی اقوام کے ساتھ ہیں اور فاشزم کی مخالفت کرتے ہیں۔ اس خیال کے ساتھ ہی ساتھ اپنی قرارداد میں یہ بھی کہا:

"ہم برطانوی سامراج کے اس روّیے کی مذمت کرتے ہیں کہ وہ ان نازک حالات میں ہمارے وطن کو آزادی دینے کے لئے تیار نہیں۔"۷؎

تیسری کل ہند کانفرنس کے بعد جنگ سے متعلق انجمن کی پالیسی واضح طور پر سامنے آگئی جس کی رو سے جوش اور ساغر نظامی نے اپنے مشترکہ بیانات اخبارات میں شائع کرائے جن میں کہا گیا تھا کہ عملی سیاست سے ہمارا کوئی تعلق نہیں ہے لیکن ہم ایک سیاسی عقیدہ رکھتے ہیں۔ ایک سوشلسٹ نظامِ حکومت کا قیام اور ہندوستان کی مکمل آزادی ہمارا

منتہائے خیال ہے۔ ہر ہندوستانی کا فرض ہے کہ وہ فاشزم کے خلاف لڑی جانے والی جنگ کی حمایت کرتے ہوئے اپنے ملک کی حفاظت کرے۔ آخر میں انہوں نے کہا:

"آج ہم دوہری مصیبت میں گرفتار ہیں۔ ایک طرف تو گرگ باراں دیدہ چور ہے جو ہمارے گھر کے اندر چھپا ہوا نہیں دندناتا پھر رہا ہے اور دوسری طرف ایک خوں آشام ڈاکو ہے جو ہمارا دروازہ کھٹکھٹا رہا ہے۔ ہمارا فرض ہے کہ ہم چور کو باہر نکال دیں اور ڈاکو کو اندر نہ آنے دیں جس کے واسطے قابلِ تسخیر اتحاد کی ضرورت ہے۔ اگر ہم اس آدرش پر کاربند ہو جائیں گے تو بہت جلد ایک ایسی صبح سعادت طلوع ہوگی جس کی پہلی کرن کی روشنی میں ہم سب انتہائی مسرت آمیز حیرانی کے ساتھ دیکھیں گے کہ چور تو گھر کی کوٹھری میں مرا ہوا پڑا ہے اور ڈاکو گلی کی نالی میں غرق ہے۔۸؎

اسی دور میں فاشزم کی مخالفت میں اسرار الحق مجاز کا بھی ایک بیان شائع ہوا۔ اس موضوع پر مجاز، مخدوم اور اختر انصاری وغیرہ نے منظومات اور کرشن چندر، خواجہ احمد عباس اور سردار جعفری وغیرہ نے افسانے اور ڈرامے لکھے۔

۱۹۴۳ء میں انجمن ترقی پسند مصنفین کی چوتھی کل ہند کانفرنس بمبئی میں منعقد ہوئی۔ جس میں ہندوستان کی مختلف زبانوں کے قلم کار شریک ہوئے۔ کانفرنس میں منظور کیا گیا کہ ایسے نازک اور آزمائشی حالات میں ہندوستانی ترقی پسند مصنفین کا فرض ہے کہ وہ ملک و قوم کی حفاظت کریں، ان کی ذہنی اور اخلاقی حالت کو سنبھالیں تاکہ آزادی کی منزل قریب تر آتی جائے۔ ہندوستانی تہذیب و تمدن کی حفاظت و ترقی بھی ہو تاکہ ملک و قوم متحد، مضبوط اور آزاد ہو کر ترقی کی راہ پر گامزن ہو سکیں۔

انجمن کی تیسری اور چوتھی کل ہند کانفرنس کا زمانہ ہندوستان کی جدوجہد آزادی کی تاریخ میں بڑی اہمیت رکھتا ہے۔ جب ہندوستان چھوڑ و تحریک شروع ہوئی تو تمام اہم

کانگریسی لیڈروں کو لمبے عرصے کے لئے گرفتار کرلیا گیا۔ دوسری طرف جاپانی فوجیں ہند کی سرحد تک آچکی تھیں۔ جس کے باعث ملک ایک عجیب کرب اور بے چینی کے دور سے گزر رہا تھا۔ پہلے کمیونسٹ لیڈر جنگ عظیم کی مخالفت میں تھے، لیکن روس کے جنگ میں شامل ہوتے ہی انہوں نے اس جنگ کی حمایت کرنا شروع کردیا اور سامراجی حکومت کے مددگار بن گئے۔ جس کے نتیجے میں انہیں آزادی کی تحریک سے علیحدگی اختیار کرنا پڑی۔ اور ترقی پسند اس جنگ کو قومی جنگ قرار دینے لگے۔ علی جواد زیدی کے مطابق:

"جس عالمگیر جنگ میں ہندوستان کو زبردستی اور اس کی مرضی کے خلاف جھونک دیا گیا تھا۔ اس جنگ کو ہمارے بعض ترقی پسند ادیبوں نے "قومی اور عوامی جنگ" کہنا شروع کیا۔ جس جنگ میں ہندوستان کو ہمیشہ سے زیادہ مجبور و غلام بنایا گیا تھا اس کے بارے میں ہمارا "ترقی پسند" شاعر یہ گانے لگا کہ یہ جنگ ہے جنگ آزادی۔"۹؎

انجمن ترقی پسند مصنفین کے اس عمل کو کچھ قلم کاروں نے پسند نہیں کیا۔ ہندی کے ایک انقلابی ادیب من منتھ ناتھ گپتا نے جنگ کے متعلق کمیونسٹ پارٹی کے اس فیصلہ کی مخالفت کرتے ہوئے لکھا:

"ترقی پسند ادب کوئی بندر نہیں کہ کوئی پارٹی اپنی تھیس بدلنے کے ساتھ ہی اسے جیسا چاہے ویسا نچائے۔"۱۰؎

اردو شاعری کی تاریخ میں اس نقطے پر بڑی الجھن اور عجیب غلط فہمیاں پیدا ہوتی ہیں۔ لیکن اس تبدیلی کا سچائی سے جائزہ لیا جائے تو ساری غلط فہمیاں دور ہوسکتی ہیں۔ تبدیلی یہ تھی کہ پہلے ہٹلر کی فوجیں نشے میں چور یوروپی حکمرانوں کو شکست پر شکست دیتی چلی آرہی تھیں۔ اب تک یہ جنگ سرمایہ دار ملکوں اور فاشزم کے درمیان تھی۔ یہ دونوں طاقتیں استحصال کرنے والی شہنشاہیت اور سامراج کی علامتیں تھیں۔ سامراج کچھ

جمہوری اصول لئے ہوئے اور فاشزم شہنشاہیت کا ایک سب سے بُرا روپ تھا۔ بہر حال ہندوستانیوں کے لئے دونوں طاقتیں ایک جیسی ہی تھیں۔ ہٹلر کے ساتھ کچھ ہمدردی اس لئے تھی کہ اس نے ان کو للکارا تھا جو ایشیائی عوام کی زندگیاں تلخ کئے ہوئے تھے۔ اس ہمدردی کا دوسرا پہلو یہ بھی تھا کہ سبھاش چندر بوس کو آزاد ہند فوج کی تشکیل میں ہٹلر اور اس کے حلیفوں نے مدد دی تھی اور ہندوستان کی آزادی سے ہمدردی کا اظہار کیا تھا۔

لیکن اس جنگ میں روس کی شمولیت نے ایک دوسری فضا پیدا کر دی چونکہ روس دنیا کی وہ پہلی حکومت تھی جو روندے اور کچلے ہوئے عوام کی نمائندگی کر رہی تھی۔ اور ایشیائی عوام کو بیدار کرنے اور سنوارنے کے ٹھوس راستے دکھا رہی تھی۔ اس لئے ہندوستانی سیاسی اور ادبی رہنماؤں نے اپنی تقریر و تحریر کے ذریعے روسی عوام سے شدید ہمدردی کا اظہار کیا۔

آزادی کی جدوجہد اس لئے ملتوی کرنا پڑی کیونکہ انگریز اس جنگ میں روس کے حلیف بن گئے تھے اور اس وقت روس کی حفاظت اور فاشزم کا انسداد وقت کی سب سے بڑی ضرورت تھی۔ اس لئے ترقی پسند شعراء نے اس وقت کی سب سے بڑی ضرورت کی ترجمانی کی۔

ترقی پسند اردو شعراء نے روس اور روسیوں کا تعاون اس لئے کیا کہ وہ روس کو ایشیائی بیداری کا سب سے بڑا علمبردار اور اپنے حقوق کا محافظ سمجھتے تھے۔ اور اسی لئے ان کی تخلیقات ایشیائی بیداری کی جدوجہد کا ایک اہم ترین حصّہ ہے۔

۳ مئی ۱۹۴۵ء کو روس کی فتحیاب فوجیں برلن میں داخل ہوئیں اس فتح کا اردو شعراء نے شاندار خیر مقدم کیا۔ اور روس کی فتح میں دنیا کی مظلوم انسانیت کے خواب کی تعبیر دیکھی۔ جنگ کے خاتمے کے بعد ایشیائی ملکوں میں بیداری کی ایک نئی لہر دوڑ گئی جس نے

آزادی کی جدوجہد کو تیز کیا۔ انجمن ترقی پسند مصنفین کے سکریٹری علی سردار جعفری نے نئے مقاصد پیش کئے:-

"روس کی یہ فتح جسے کیفی نے عالم کی فتح قرار دیا ہے، عالم کی فتح صرف اس حد تک ہے کہ سرخ فوج نے فاشزم کو شکست دے کر دنیا کی شہنشایت کا سر کچل دیا۔ لیکن ابھی سانپ زندہ ہے فاشزم ختم ہوگیا لیکن سرمایہ داری اور شہنشایت جس نے فاشزم کو جنم دیا تھا ابھی باقی ہے اور کون کہہ سکتا ہے کہ بیسوا اب بچے جننے کے قابل نہیں رہ گئی ہے، یہ سعادت ہندوستان اور چین کے حصّے میں آتی ہے کہ وہ اس عوامی قوت سے جو روس کی پشت پناہ تھی ایشیاء میں شہنشایت کا خاتمہ کردیں کیونکہ روس کی فتح نے شہنشایت کو کمزور اور ہمارے ہاتھو کو مضبوط کردیا ہے۔"۱۱۔

جنگ عظیم کے ختم ہوتے ہی آزادی کی تحریک نے پھر شدت اختیار کرلی۔ تلنگانہ تحریک اور جہازیوں کی بغاوت نے انگریزوں کے چھکے چھڑا دیئے۔ ترقی پسندوں نے ان تحریکوں کی حمایت کرتے ہوئے ان موضوعات پر نظمیں لکھیں۔ آزادی کی تحریک لمحہ بہ لمحہ اپنی منزل کی طرف بڑھتی جارہی تھی۔ حکومت برطانیہ کو بھی یقین کامل ہوگیا کہ اب اور زیادہ ہندوستان کو غلام نہیں رکھا جاسکتا اس لئے اعلان کیا گیا کہ ۱۹۴۷ء میں حکومت ہندوستانیوں کے سپرد کردی جائے گی۔

جب مسلم لیگ اور کانگریس کا کسی طرح کوئی سمجھوتہ نہ ہوسکا تو ملک کو ہندوستان اور پاکستان میں تقسیم کردیا گیا۔ ترقی پسند ادب میں اس پورے دور کی تصویر نظر آتی ہے۔ پھر وہ دِن آیا جس کا سبھی کو دوسو برس سے انتظار تھا یعنی ۱۵/اگست ۱۹۴۷ء اور ملک آزاد ہوگیا۔

ترقی پسند اس آزادی سے زیادہ خوش نہیں ہوئے کیونکہ وہ اس آزادی کو مکمل

آزادی تسلیم نہیں کرتے تھے۔ پھر بھی آزادی کے جشن میں شریک ہوئے۔ اسلام بیگ چنگیزی کے مطابق:

"اگرچہ ہندوستان کی آزادی بڑی مجروح آزادی تھی۔ فتنہ فساد ترشی و تلخی اور باہمی منافرت میں ڈوبی ہوئی، الجھنوں اور سیاہیوں میں گرفتار، ہندوستان میں برطانوی مفادات کی حفاظت کے وعدوں میں دبی ہوئی، سینے پر خون کی لکیر کھینچے ہوئے اور آنکھوں میں بہمیت اور درندگی کے ان مناظر پر خون کے آنسو بہاتی ہوئی جن سے انگریزی سیاست اور ڈپلومیسی کا شکار ہندوستان آزادی کا خیر مقدم کر رہا تھا لیکن اس کے باوجود ہمارے شعراء نے اس کا خیر مقدم کیا، اس لئے کہ اس طرح دوسو سالہ اس دورِ غلامی کا اختتام ہو رہا تھا جس نے ہم سب کی زندگیاں تلخ کر رکھی تھیں۔"۱۲؎

بحیثیت مجموعی ترقی پسند ادیبوں نے جنگ آزادی کے مختلف مراحل میں اپنے اصول و نظریات کی بنا پر جدوجہد آزادی میں حصّہ لیتے ہوئے ہندوستان پر قابض برطانوی سامراج کو چیلنج کیا وہ گرفتار کر لیے گئے، انکی نظمیں ضبط کرلی گئیں پھر بھی وہ آزادی کے متوالوں،

مجاہدوں اور سورماؤں کے دلوں کو اپنے فکر و عمل سے گرماتے رہے۔ اس طرح ترقی پسند ادب نے ہندوستان کی جدوجہد آزادی میں نمایاں رول ادا کیا۔ بقول علی جوادزیدی:

"لیکن اتنا بالکل واضح ہے کہ جنگ آزادی کے ہر اہم موڑ پر اردو ادب نے ترقی پسند عناصر کا ساتھ دیا، اردو ادب بھی جنگ آزادی کا ایک اہم سپاہی ہے۔"۱۳؎

حواشی:

۱بحوالہ: اردو میں ترقی پسند ادبی تحریک - خلیل الرحمن اعظمی، ص ۴۱

۲ ادب اور انقلاب۔ اختر حسین رائے پوری، ص۸۷
۳ بحوالہ: اردو میں ترقی پسند تحریک - خلیل الرحمن اعظمی، ص۴۵
۴ بحوالہ: اردو میں ترقی پسند ادبی تحریک - خلیل الرحمن اعظمی، ص۴۶
۵ بحوالہ: اردو میں ترقی پسند تحریک - خلیل الرحمن اعظمی، ص۵۴-۵۵
۶ آزادی کی نظمیں—سبط حسن، ص۱۹-۲۰
۷ روشنائی - سجاد ظہیر، ص۳۴۳
۸ بحوالہ: اردو میں ترقی پسند ادبی تحریک - خلیل الرحمن اعظمی، ص۶۶
۹ بحوالہ: ترقی پسند تحریک اور اردو افسانہ -ڈاکٹر صادق، ص۸۴
۱۰ بحوالہ: ترقی پسند ادب: ایک جائزہ۔ منسراج رہبر، ص۱۷۴
۱۱ دیباچہ: سرخ ستارہ— سردار جعفری، ص۱۷
۱۲ ایشیائی بیداری اور اردو شعراء - اسلام بیگ چنگیزی، ص۱۳۶-۱۳۷
۱۳ تعمیری ادب— علی جواد زیدی، ص۱۱۰

٭٭٭

ترقی پسند تحریک کی تاریخ اور روشنائی

پروفیسر کوثر مظہری

ترقی پسند تحریک کی داغ بیل لندن میں اس وقت ڈالی گئی جب مغرب میں جدیدیت Modernism بھی خواب گراں کی شکار ہو چکی تھی۔ مغرب کی ادبی تاریخ کے مطالعے سے معلوم ہوتا ہے، جیسا کہ Roger Fowler نے لکھا ہے کہ جدیدیت مغرب میں ۱۸۹۰ کے آس پاس شروع ہوتی ہے اور ۱۹۳۰ تک آتے آتے اس کی فعالیت مسدود ہو جاتی ہے۔ یہ بات غور طلب ہے کہ لندن میں رہتے ہوئے بھی کیا ان نوجوان شائقینِ ادب کو جدیدیت جیسی مستحکم اور بااثر رجحان کی ہوا تک نہیں لگی تھی کہ ۱۹۳۵ میں حد درجہ احساس تفاخر کے ساتھ چند دوستوں کے ساتھ مل بیٹھ کر سجاد ظہیر کو Indian Progressive writers' Association کی بنیاد ڈالنے کی ضرور محسوس ہوئی؟ میرے خیال سے فلسفۂ وجودیت جس پر جدیدیت کی عمارت اردو میں ۶۰ء کی دہائی میں تعمیر کی گئی کوئی ایسا کمزور فلسفہ حیات نہیں تھا کہ جس کا ذکر لندن کی درس گاہوں میں ہوا نہ ہو۔ کرکے گور، ڈیکارٹ، سارتر جیسے مفکروں کی تحریریں، اپنا سکہ بٹھا رہی تھیں۔ یہاں تک کہ ملک راج آنند کو بھی شاید اس کا احساس نہیں ہوتا کہ جدیدیت پر بات کرنا اس زمانے میں زیادہ موزوں اور Relevant تھا۔ اس سے بھی پہلے ۱۹۳۲ میں جب سجاد ظہیر، احمد علی، محمود الظفر اور رشید جہاں کی کہانیوں کا مجموعہ 'انگارے' شائع ہوا تو یہ آہٹ

اردو ادب اور معاشرے میں محسوس کی گئی تھی کہ کوئی نہ کوئی باغیانہ رجحان ہے جو آیا چاہتا ہے۔ اخلاق و عقائد کو مجروح کرنے والی یہ کہانیاں سرکشی اور جوش وولولہ سے مملو تھیں جن میں توازن اور ٹھہراؤ نہیں تھا۔ بہر حال یہ بھی ایک طرح سے ترقی پسند تحریک کے آغاز کا پیش خیمہ تھا۔ 'انگارے' کے حوالے سے سجاد ظہیر 'روشنائی' میں لکھتے ہیں:

"انگارے کی بیشتر کہانیوں میں سنجیدگی اور ٹھہراؤ کم اور سماجی رجعت پرستی اور دقیانوسیت کے خلاف غصہ اور ہیجان زیادہ تھا۔" (روشنائی، ص ۳۳)

ترقی پسند تحریک کی تاریخ کو ضبط تحریر میں لانے والوں میں علی سردار جعفری، عزیز احمد، ہنس راج رہبر، ممتاز حسین، خلیل الرحمن اعظمی کے نام اہم ہیں۔ سبھوں نے اپنے تجربے اور اپنے اسلوب کی روشنی میں ترقی پسند تحریک کی تاریخ پیش کی ہے۔ اس تحریک کی فکری بنیاد پر گفتگو کرتے ہوئے ہر ایک کے ڈانڈے سماج، کسان، مزدور اور انقلاب سے جاکر مل جاتے ہیں۔ جیسا کہ ہم جانتے ہیں کہ یہی وہ عوامل ہیں جن پر اس تحریک کی اساس ہے۔ سماج یا عوام سے رشتہ ہر شاعر یا ادیب کا ہوتا ہے کیوں کہ شاعر یا ادیب کوئی جوگی یا راہب تو ہوتا نہیں، وہ بھی اسی سماج کا ایک فرد ہوتا ہے۔ اس تحریک کی غرض وغایت پر روشنی ڈالتے ہوئے سجاد ظہیر لکھتے ہیں:

"پہلے تو یہ کہ ترقی پسند ادبی تحریک کا رخ ملک کے عوام کی جانب، مزدوروں، کسانوں اور درمیانہ طبقہ کی جانب ہونا چاہیے۔ اپنی ادبی کاوش سے عوام میں شعور، حِس و حرکت، جوش عمل اور اتحاد پیدا کرنا۔۔۔ یہ سب کچھ اسی صورت میں ممکن تھا جب ہم شعوری طور پر اپنے وطن کی آزادی کی جدوجہد اور وطن کے عوام کی اپنی حالت سدھارنے کی تحریکوں میں حصہ لیں۔" (ص ۹۰، ۸۹)

گویا جوش عمل اور ادبی کاوش کی مدد سے بے حس عوام میں روح پھونک دینا اور

جان ڈال دیناہی ترقی پسند تحریک کا کام تھا۔ سجاد ظہیر نہیں چاہتے تھے کہ انجمن کی شاخیں گوشہ نشیں علما کی ٹولیاں ہوکر رہ جائیں۔ 'روشنائی' کے صفحات پر جگہ جگہ اس بات کو دہرایا گیا ہے کہ ادیب کے لیے عوامی زندگی سے زیادہ سے زیادہ قرب ضروری ہے، ادیب و شاعر عام لوگوں سے ملتے جلتے رہیں، اُن میں پیوست رہیں۔ یہ ایک ایسا متحرک اور جاندار ادبی ادارہ ہو جس کا عوام سے براہِ راست تعلق رہے۔ (ص ۹)

یہ حقیقت تسلیم کرنے میں شاید ہی کسی کو تامل ہو کہ ہر شاعر یا ادیب اسی سماج کا فرد ہوتا ہے۔ بچپن سے لے کر جوانی تک، جوانی سے لے کر بڑھاپے اور موت تک وہ بھی اسی سماج میں زندگی گزارتا ہے۔ عوام سے رابطے کے بغیر شاید وہ زندگی گزار بھی نہیں سکتا۔ یہاں تک کہ شعری مواد یا اس کے فکشن کے کردار بھی عوام سے ہی ماخوذ ہوتے ہیں۔ اس کے تجربات کا محور و مرکز سماج ہی ہوتا ہے۔ پھر یہ کہنا کہ ادبی کاوش کی رو سے عوام کی بے حسی دور کرنے کا کام ترقی پسند تحریک کا نصب العین ہے، کچھ پلّے نہیں پڑتا۔ اس تحریک کی پہلی کانفرنس بابت اپریل ۱۹۳۶ میں بھی ماضی پرستی اور رجعت پرستی اور سماج اور اس کے حقیقی تصورات پر روشنی ڈالی گئی تھی:

"ہماری انجمن کا مقصد ادب اور آرٹ کو ان رجعت پرست طبقوں کی چنگل سے نجات دلانا ہے جو اپنے ساتھ ادب اور فن کو بھی انحطاط کے گڑھوں میں ڈھکیل دینا چاہتے ہیں۔ ہم ادب کو عوام کے قریب لانا چاہتے ہیں اور اسے زندگی کی عکاسی اور مستقبل کی تعمیر کا موثر ذریعہ بنانا چاہتے ہیں۔"

(ترقی پسند ادب: سردار جعفری، ص ۱۳)

ادب کو عوام کے قریب لانے کا بار بار ذکر پریشان کرتا ہے کہ آخر یہ کیسے سمجھ لیا گیا کہ ادب عوام کے قریب نہیں ہے۔ اسی طرح ادب کو زندگی کی عکاسی کا موثر ذریعہ

بنانے کا مطلب کیا ہے؟ ادب بلاشبہ عوام کے قریب ہوتا ہے کیوں کہ ادب عوام کے درمیان ہی خلق ہوتا ہے۔ ادب میں زندگی اور سماج ہی کی عکاسی ہوتی ہے۔ ترقی پسند تحریک سے بہت پہلے ۱۸ویں صدی میں ہی De Bonald نے یہ کہا تھا کہ:

Literature is the expression of society

ادب زندگی سے یا سماج سے الگ کوئی شے نہیں ہے۔ ترقی پسند تحریک کے پہلے اعلان نامے میں بھی بھوک، افلاس، سماجی پستی اور غلامی کو زندگی کے بنیادی مسائل کے طور پر پیش کیا گیا تھا۔ سردار جعفری نے بجا طور پر لکھا ہے کہ:

"ادب کے مسائل وہی ہیں جو زندگی کے مسائل ہیں۔ ادب کے موضوعات بھی زندگی کے موضوعات سے الگ نہیں ہوسکتے۔" (ص ۴۵، ترقی پسند ادب)

منشی پریم چند نے بھی سماج کو ادیبوں کے لیے عدالت قرار دیا۔ ظاہر ہے کہ جب ادیب کو یہ احساس ہو کہ وہ عدالت میں کھڑا ہے تو اس کی ذمہ داری بڑھ جاتی ہے۔ اسی احساس نے 'ادب برائے زندگی' کے تصور کو مستحکم کیا۔ لیکن اس نے فکری توازن کو بھی متاثر کیا۔ نظریۂ حیات کو زبردستی Impose کرنے سے بھی ادب اور فکر میں نراجیت پیدا ہوئی۔ تھوڑی دیر کے لیے ہم یہ تسلیم کر لیتے ہیں کہ اس تحریک کی نیت میں کوئی کھوٹ نہیں تھا۔ اس کا فکری میلان یہ تھا کہ ترقی پسند ادب وہ ہے جو سماج کو آگے کی طرف بڑھاتا ہے اور انسانی ذہن و فکر کے ارتقا میں معاون ثابت ہوتا ہے۔ لیکن اس سے پہلے بھی جو فکری میلان بطور اصلاح کے، ادب میں رائج ہوا وہ بھی سماج کو اور انسانی ذہن کو روشن کرنے والا تھا۔ جب جذبۂ انسانی میں ابال آتا ہے تو علامہ اقبال جیسا رقیق القلب شاعر بھی کہہ اٹھتا ہے:

جس کھیت سے دہقاں کو میسر نہیں روزی

اس کھیت کے ہر خوشہ گندم کو جلا دو

لیکن سوال یہ اٹھتا ہے کہ علامہ اقبال کے اس قول یا حکم کی تعمیل میں اگر امت کھڑی ہو جاتی کہ خوشہ گندم کو لا دینا ہی تحصیل روزی کی سبیل پیدا کرے گا تو پھر کیا ہوتا اس کرۂ ارض پر، آپ سمجھ سکتے ہیں۔ اقبال استحصال کے رویے سے متنفر ہو کر اپنے احساس اور سچے انسانی جذبے کا اظہار کر رہے تھے۔ وہ کوئی ترقی پسند تحریک کے نہ تورکن تھے اور نہ علم بردار تھے۔ معلوم یہ ہوا کہ سچا ادیب یا شاعر اپنے سچے جذبات کی عکاسی کے لیے کسی بھی تحریک یا ازم کا قطعی پابند نہیں ہوتا۔ ترقی پسند تحریک کے زیر اثر جو ذہنی میلان سامنے آیا اس کی مثالیں خطرناک حد تک منفی انقلاب کے تصور کو پیش کرتی ہیں۔ کیفی، مخدوم، جوش اور مجاز کے یہاں اس کی مثالیں موجود ہیں۔

مجاز کی مشہور نظم 'آوارہ' کا صرف ایک بند پیش کرتا ہوں:

بڑھ کے اُس اندر سبھا کا ساز و ساماں پھونک دوں

اس کا گلشن پھونک دوں اس کا شبستاں پھونک دوں

تخت سلطاں کیا، میں سارا قصر سلطاں پھونک دوں

اے غم دل کیا کروں، اے وحشت دل کیا کروں

اس جوش عمل اور ابال سے سماج کا کیا بھلا ہوا، مجھے نہیں معلوم۔ یہ صحیح ہے کہ سامراجی قوتوں اور جابر حکمرانوں کے خلاف آواز بلند ہو رہی تھی جو اپنے زمانے کی ضرورت تھی۔ حساس ادیبوں کا متاثر ہونا فطری بات تھی۔ اقبال کے یہاں بھی اس کے نقوش مل جاتے ہیں:

گیا دور سرمایہ داری گیا تماشا دکھا کر مداری گیا (ساقی نامہ)

جس میں نہ ہو انقلاب موت ہے وہ زندگی (مسجد قرطبہ)

سجاد ظہیر نے پہلی کانفرنس کے بعد ایک شام کا ذکر کیا ہے۔ شام کو منشی پریم چند، سجاد ظہیر، فیض، رشید جہاں، محمود الظفر، ڈاکٹر علیم بیٹھے تھے۔ کانفرنس پر تبصرے ہو رہے تھے۔ لکھتے ہیں:

"جب پریم چند کی باری آئی تو انھوں نے ہم نوجوان ترقی پسندوں کی حرکتوں پر مشفقانہ انداز میں نکتہ چینی شروع کی اور کہا— "بھئی یہ تم لوگوں کا جلدی سے انقلاب کرنے کے لیے تیز تیز چلنا تو مجھے بہت پسند آتا ہے لیکن میں ڈرتا ہوں کہ اگر کہیں تم بے تحاشا دوڑنے لگے تو ٹھوکر کھا کر گر نہ پڑو اور میں ٹھہرا بوڑھا آدمی۔ تمھارے ساتھ اگر میں بھی دوڑا اور گرا تو مجھے تو بہت ہی چوٹ آجائے گی۔" (ص ۱۲۹)

مذکورہ بالا موقف سے یہ اندازہ ہوتا ہے کہ پریم چند نے بھلے ہی اپنی بھلمساہٹ کے سبب سجاد ظہیر کی درخواست قبول کرلی تھی لیکن مثبت قدروں کے پرچار کے باوجود ان کے اندر کہیں نہ کہیں ترقی پسندوں کے نظریۂ انقلاب کے تئیں خدشات ضرور تھے۔

دوسری طرف پریم چند کے اس خط کا اقتباس بھی دل چسپی سے خالی نہیں ہوگا:

"اگر ہمارے لیے کوئی لائق صدر نہیں مل رہا ہے تو مجھی کو رکھ لیجیے۔ مشکل یہی ہے کہ مجھے پوری تقریر لکھنی پڑے گی۔۔۔ میری تقریر میں آپ کن مسائل پر بحث چاہتے ہیں اس کا کچھ اشارہ کیجیے۔ میں تو ڈرتا ہوں میری تقریر ضرورت سے زیادہ دل شکن نہ ہو۔" (۱۹ مارچ ۱۹۳۶، روشنائی، ص ۹۶)

اس اقتباس سے اندازہ ہوتا ہے کہ پریم چند نے جو صدارتی خطبہ پیش کیا اس میں سجاد ظہیر کے تصورات و نظریات کی آمیزش زیادہ تھی۔ اس کے باوجود بھی سجاد ظہیر یہ سمجھتے رہے کہ پریم چند نے عوامی انقلاب کی حمایت کرنے میں کوئی کسر اٹھا نہیں رکھی۔ پریم چند کا اپنا نظریہ تھا جس طرح ہر ایک ادیب کا اپنا ذاتی نظریہ ہوتا ہے کیوں کہ بغیر

کسی نظریے کے کوئی فن پارہ معرض وجود میں آتا ہی نہیں۔ نظریہ ہی مقصد واضح کرتا ہے اور کبھی کبھی ادیب کے ذہن میں صرف مقصد ہوتا ہے جسے دوسرے لوگ بعد میں نظریانے (Theorise) کا کام کرتے ہیں۔ روحانی اور ذہنی تسکین کی بات بھی پریم چند نے کی تھی۔ جیسا کہ ہم سب جانتے ہیں کہ اس روحانی اور ذہنی تسکین کے لیے بھی کوئی ایسا Parameter وضع نہیں کیا جاسکتا جو آفاقی بھی ہو۔ دراصل کچھ شاعر و ادیب ایسے تھے جن کا شعور یا ترقی پسند رجحان غیر دانستہ طور پر اس باضابطہ تحریک سے پہلے واضح اور پختہ تھا۔ ان میں جو اہم نام آسکتے ہیں وہ ہیں: پریم چند، جوش، قاضی عبدالغفار، جمیل مظہری، حفیظ جالندھری، ساغر نظامی، احسان دانش وغیرہ۔ اپنی بات کی توثیق کے لیے خلیل الرحمن اعظمی کے اس خیال کو پیش کرنا مناسب ہوگا:

"۔۔۔ان ادیبوں کے رجحانات اور ان کے فنی شعور کی تشکیل میں ان قومی اور اصلاحی رجحانات کو بہت دخل ہے جو ہندوستان میں بیسویں صدی کی ابتدا سے لے کر ترقی پسند تحریک کے قبل تک پروان چڑھ رہے تھے۔ یہ لوگ دراصل ترقی پسند تحریک کے پیش رو کی حیثیت رکھتے ہیں۔"

(اردو میں ترقی پسند ادبی تحریک، مقدمہ، ص ۱۶، ۱۵)

اگر خلیل صاحب کے خیال کو درست تسلیم کرلیا جائے تو اس سے یہ بھی ثابت ہوتا ہے کہ ان شاعروں اور ادیبوں کی ذہنی تربیت میں ان قومی و اصلاحی رجحانات کا بھی اہم رول رہا ہے جن پر سجاد ظہیر ہمیشہ معترض رہے۔ روشنائی کے صفحات پر ان کے رد عمل کو دیکھا اور سمجھا جاسکتا ہے۔ سماج میں بنیادی تبدیلی اقتصادی تبدیلی کے بغیر ممکن نہیں۔ ترقی پسند تحریک مارکس کے نظریے کے تحت اسے اہم سمجھتی تھی۔ سجاد ظہیر اصلاح پسندی اور احیاپسندی کے راستے کو غلط تصور کرتے تھے۔

مجھے یہ کہتے ہوئے کوئی تامل نہیں کہ اگر سرسید کی تحریک نہیں ہوتی تو معلوم نہیں ہندوستانی قوم بالخصوص مسلم فرقے میں روشن خیالی کی کرنیں کب پہنچ پاتیں۔ اصلاح کی ضرورت جن زعمائے قوم نے محسوس کی، وہ اس عہد کا اہم مسئلہ تھا۔ طبقاتی کشمکش اور آقا اور غلام کا تصور بیسویں صدی کے اوائل کا تصور نہیں ہے۔ اس کی تاریخ اس سے بھی بہت پہلے ماضی بعید کی طرف ہماری ذہنی و فکری مراجعت کی متقاضی ہے۔ دراصل دیکھنا یہ ہے ہم جس عہد میں جی رہے ہیں اس کے تقاضے کیا ہیں۔ جس طبقاتی کشمکش اور جدلیاتی مادیت (Dialectical Materialism) کی بات مارکس یا اس کے نظریات کے مبلغین مختلف طریقوں سے کرتے رہے ہیں، کیا ہم ان کا اطلاق آج کے سماجی حالات اور جدید ادبی صورتِ حال پر بھی کر سکتے ہیں؟ یہ محض میرا ایک معروضہ ہے جو میرے ذہن میں سوال کی شکل میں ابھرا ہے۔ ظاہر ہے کہ میں اس کا جواب دینے بالکل نہیں جارہا کہ ابھی میں خود مناسب جواب کی تلاش میں ہوں، کیوں کہ ہمارا عہد Media Explosion کا عہد ہے، پورا سماجی ڈھانچہ بدل چکا ہے۔ آج کا ایک غریب آدمی ایک امیر آدمی کے روبرو کھڑا ہو کر آنکھیں ملا کر بات کر سکتا ہے۔ آج کا آقا آدمی نہیں، الکٹرانک میڈیا ہے۔ اگر کشمکش ہے تو مشین اور آدمی میں۔ دو طبقے آج بھی ہیں۔ ایک میڈیا طبقہ اور دوسرا انسانی طبقہ۔ اگر اس نہج پر سوچنے کی زحمت کی جائے تو شاید کوئی مناسب نظریۂ حیات اور نظریہ تمدن وجود میں آسکتا ہے۔ مشینوں کی حکومت کے حوالے سے اقبال کے جو خدشات تھے انھیں بھی پیش نظر رکھا جاسکتا ہے۔ عزیز احمد نے اپنی تصنیف 'ترقی پسند ادب' میں لکھا ہے کہ اقبال نے سائنس اور مشینی صنعت کی مخالفت نہیں کی ہے بلکہ مشینوں کی حکومت کے خلاف ان کی شکایت یہ ہے کہ انسان اگر مشین کا محکوم ہو جائے تو زندگی کے اعلا انسانی قدروں کو بھول جاتا ہے۔ (ص ۴۷)

یوں تو اس تحریک کی تاریخ عزیز احمد، سردار جعفری، ممتاز حسین، مجنوں گورکھپوری، ہنس راج رہبر اور خلیل الرحمن اعظمی نے بھی تحریر کی لیکن بانی تحریک کی حیثیت سے سجاد ظہیر کی روشنائی کی حیثیت سب سے زیادہ Authentic ہونی چاہیے۔ یہ تاریخ جو یادنگاری کے زمرے میں آتی ہے اس میں رپورتاژ اور خاکے کے نقوش موجود ہیں۔ یہ تحریک ایک منظم و منضبط تحریک تھی لہٰذا اس کی کارگزاریاں اور ریکارڈز سب محفوظ ہونے چاہیے تھے لیکن ذرا غور کریں تو روشنائی میں آپ دیکھیں گے کہ بیشتر کانفرنسوں اور جلسوں کی تاریخیں غائب ہیں۔ پہلی کل ہند کانفرنس جو لکھنؤ میں پریم چند کی صدارت میں منعقد ہوئی تھی اس کی تاریخ سجاد ظہیر نے بھی اپریل ۱۹۳۶ بتائی ہے۔ سردار جعفری نے بھی اپریل ۱۹۳۶ کا ذکر کیا ہے۔ ہنس راج رہبر نے عزیز احمد نے ممتاز حسین نے سب نے اپریل ۱۹۳۶ لکھا ہے۔ پہلی کانفرنس تھی جس کی روداد بھی لکھی گئی ہو گی۔

سوال یہ پیدا ہوتا ہے کہ کیا یہ کانفرنس اپریل کے پورے مہینے کو محیط تھی؟ کیا کسی بھائی کو اس کی تاریخ قلم بند کرنے کی ضرورت محسوس نہیں ہوئی۔ خلیل الرحمن اعظمی نے اسی تحریک پر Ph.D کا مقالہ تحریر کیا لیکن انھوں نے بھی اپریل لکھا اور اس پر کوئی تبصرہ نہیں کیا۔ غالباً اسے وہ فروگذاشت تسلیم نہیں کرتے ہوں گے۔ لیکن اعظمی صاحب کو جب ریکارڈز ہی ادھورے اور گمراہ کن ملے ہوں گے تو اپنی طرف سے وہ تاریخیں کہاں سے متعین کر لیتے؟ چلیے پہلی کانفرنس تھی، افراتفری کا عالم تھا۔ سجاد ظہیر اور ان کے رفقا کا یہ پہلا تجربہ تھا، لیکن دوسری کانفرنس کے لیے تو کسی مہینے کا ذکر بھی نہیں ہے۔ دوسری کانفرنس ۱۹۳۷ میں الہ آباد میں ہوئی یعنی پورے سال کانفرنس ہوتی رہی۔ چلیے اسے بھی جانے دیجیے تیسری کل ہند کانفرنس الہ آباد ہی میں ہوتی ہے۔ اس کا

بھی وہی حال ہے۔ سجاد ظہیر لکھتے ہیں کہ ۱۹۳۸ میں الہ آباد ہی میں ہوئی، غالباً مارچ یا اپریل کا مہینہ تھا۔ اس غالباً کا جواب نہیں۔ خلیل الرحمن اعظمی نے بڑی محنت کرکے مارچ اور اپریل سے اپریل کو حذف کر دیا ہے اور صرف مارچ ۱۹۳۸ رہنے دیا ہے۔ میرے اس سوال کا جواب ترقی پسندوں کی طرف سے یہ ہو سکتا ہے کہ چوں کہ 'روشنائی' جیل میں تحریر کی گئی تھی اس لیے تاریخوں کے حوالے حاصل کرنا ایک مشکل کام تھا۔ اگر اس کی تاریخیں ہوتیں تو بعد میں بھی درج کی جاسکتی تھیں۔ کتاب جیل میں لکھی گئی لیکن چھپی تو باہر۔ ان کے دوسرے دوستوں نے بھی دیکھی ہوگی۔ لیکن غالباً ان فروگذاشتوں کی طرف کسی کی نظر نہیں گئی یا یہ کہ ان کے سامنے مقصد اتنا بڑا تھا کہ یہ تاریخیں کوئی معنی نہیں رکھتی تھیں۔ ایک بات اور ہے کہ الہ آباد میں جو دو کانفرنسیں ۱۹۳۷ اور ۱۹۳۸ میں ہوئیں وہ کل ہند نہیں تھیں جب کہ مارچ ۱۹۳۸ والی کانفرنس میں یو پی بہار اور پنجاب کے بہت سے ادیبوں نے شرکت کی تھی۔ دوسری کل ہند کانفرنس دسمبر ۱۹۳۸ کے آخری ہفتے میں ہوئی۔ آخری ہفتے کا تعین غور طلب ہے۔ گویا اب اس تنظیم میں کچھ نظم و ضبط آرہا تھا۔ قطعی تاریخ کا ذکر یہاں بھی نہیں لیکن یہی کیا کم ہے کہ دسمبر کے آخری ہفتے کی وضاحت کر دی گئی۔ اسی طرح تیسری کل ہند کانفرنس مئی ۱۹۳۹ میں دہلی میں منعقد ہوئی۔ تقسیم ہند کے بعد دسمبر ۱۹۴۷ میں چوتھی کانفرنس ہوئی۔ پانچویں کانفرنس مئی ۱۹۴۹ کی آخری تاریخوں میں بھیمڑی (بمبئی) میں ہوئی جس میں ۱۹۳۶ کے منشور کو ناکافی تصور کیا گیا اور نیا منشور تیار کیا گیا۔ چھٹی اور آخری کانفرنس مارچ ۱۹۵۳ میں دہلی میں منعقد کی گئی اور منشور پر پھر سے نظر ثانی کی گئی۔

مجھے معلوم ہے کہ میری اس تاریخ شماری سے آپ کو کوفت بھی ہوئی ہوگی لیکن یہ ایک ایسا اہم پہلو ہے جس کی طرف توجہ نہیں کی گئی۔ آج بھی کسی نے غور کرنے کی

ضرورت نہیں سمجھی کہ سجاد ظہیر، عزیز احمد، ممتاز حسین، ہنس راج رہبر، سردار جعفری، خلیل الرحمن اعظمی میں سے کسی نے اس طرف توجہ کیوں نہیں کی؟ ایک ایسی تحریک جس کی تیاری لندن میں ہوتی رہی اور جب ہندوستان میں اس کا سنگ بنیاد رکھا گیا تو تاریخی حوالہ ہی کہیں تاریخ کے اَن گنت صفحات میں گم ہو گیا۔ لال روشنائی کے سمندر میں اس اہم اور بامقصد تحریر کی اہم تاریخیں موجوں کا شکار ہو گئیں۔ اس سے یہ بھی ثابت ہوتا ہے کہ تمام خارجی نظم وضبط کے باوجود اندرونی طور پر اس انجمن میں نراجیت تھی جس کا ذکر روشنائی میں سجاد ظہیر نے بھی جا بہ جا کیا ہے۔ سردار جعفری نے بھی حلقۂ ارباب ذوق پر تبصرہ کرتے ہوئے لکھا ہے کہ سب کچھ کے باوجود حلقۂ ارباب ذوق ترقی پسند تنظیم سے زیادہ منظم تھی۔

یہ درست ہے کہ روشنائی جیل میں تحریر کی گئی لیکن 'ذکر حافظ' بھی تو جیل ہی میں تصنیف کی گئی۔ 'ذکر حافظ' جو حافظ کی شاعری کا خوبصورت تجزیہ مع حوالوں کے پیش کرتی ہے، 'روشنائی' کے تاریخی حوالے کہاں گم ہو گئے؟ کیا سجاد ظہیر کی جماعت جس میں احمد علی اور ڈاکٹر علیم جیسے عالم اور فاضل دانشور موجود تھے، کیا انھیں معلوم نہیں تھا کہ بغیر تاریخی حوالوں کے تحریکیں بے معنی سی ہو کر رہ جاتی ہیں بلکہ مشکوک بھی ہو سکتی ہیں۔ حالاں کہ یہ کوئی مقصد نہیں لیکن مقصد کے صفحے کا اہم حاشیہ ضرور ہے۔

'حلقۂ ارباب ذوق' کی مکمل اور منضبط تاریخ پر پاکستان میں ڈاکٹر یونس جاوید نے تفصیلی کام کیا ہے لیکن افسوس ہے کہ ترقی پسند تحریک کی آج تک کوئی ایسی معروضی اور مفصل تاریخ مرتب نہیں کی جا سکی، اس کا سبب جو مجھے سمجھ میں آیا ہے وہ ہے Lack of documentation یا پھر Poor documentation۔ خیر اب 'روشنائی' کے ایک دوسرے پہلو پر مختصراً روشنی ڈالنے کی کوشش کرتا ہوں۔ روشنائی میں جن لوگوں کا ذکر

آیا ہے سجاد ظہیر نے ان پر کھل کر باتیں کی ہیں۔ ان کی شخصیت کے مثبت اور منفی دونوں پہلوؤں کو پیش کرنے کی کوشش کی ہے۔ اس کتاب میں شخصیت نگاری اور خاکہ نگاری کے نقوش بھی ملتے ہیں۔ چوں کہ سجاد ظہیر کے مزاج میں ایک طرح کی جمالیاتی اور اسلوبیاتی حس تھی اس لیے وہ ہمیشہ اچھی اور شگفتہ نثر لکھنے کی کوشش کرتے تھے۔ میں چاہتا ہوں کہ مولانا حسرت موہانی کو جس طرح سے انھوں نے روشنائی میں پیش کیا ہے وہ ملاحظہ کر لیجیے:

"مولانا کا قد چھوٹا تھا اور وہ جی بھر کے بد صورت تھے۔ جسم گدبدا تھا جس پر وہ ایک کافی لمبی میلی سی مَلی دلی گہرے سلیٹی رنگ کی کھدر کی شیر وانی پہنتے تھے۔ چیچک رو، ڈھلتا ہوا رنگ اور سارا چہرہ ایک بڑی گھنی گول سی داڑھی سے ڈھکا ہوا تھا جو شاید چھ انچ سے بھی کچھ لمبی ہی تھی اور جس کے بال کھچڑی تھے۔ ایسا معلوم ہوتا تھا کہ اس داڑھی کو نہ وہ کبھی کترتے تھے اور نہ اس میں کنگھی کرتے تھے۔ سر پر وہ ہمیشہ بڑے شوخ سرخ رنگ کی چھوٹی سی (فیلٹ کی) ترکی ٹوپی پہنتے تھے جس میں پُھندنا نہیں ہوتا تھا۔ آنکھوں پر عینک لگاتے تھے جس کا فریم لوہے کا تھا اور جس کے شیشے پرانی وضع کے چھوٹے چھوٹے اور بیضاوی تھے۔ ان کے انداز گفتگو میں شوخی اور لطافت تھی۔ وہ تیزی سے مسکرا کر بات کرتے تھے۔ ان کی آواز پتلی تھی اور جب وہ جوش میں آکر بڑے انہماک سے بولتے تھے، جیسا کہ اکثر ہوتا تھا، تو ایسا معلوم ہوتا تھا کہ جیسے کسی بچے کی ٹوٹی ہوئی سیٹی ہو جسے زور دے کر پھونکا جارہا ہے لیکن جو پھر بھی مشکل سے بجتی ہے۔" (ص ۱۱۱)

آپ نے ملاحظہ فرمایا کہ نثر میں کیسی شگفتگی اور ظرافت کے عناصر موجود ہیں۔ اس سے اندازہ ہوتا ہے کہ ان کے اندر اچھی اور صاف ستھری شگفتہ نثر لکھنے کی پوری صلاحیت موجود تھی جو اس بڑی سی نام نہاد تحریک کی نذر ہوگئی۔ 'روشنائی' کے مطالعے سے اس

بات کا بھی اندازہ ہوتا ہے کہ وہ مصلحت کوشی کے بجائے صاف گوئی سے کام لیتے ہیں۔ مولوی عبدالحق پر اظہارِ خیال کر رہے ہوں یا ٹیگور پر، اگر انھیں کوئی بات شخصیت کے حوالے سے یا ان کی تحریروں کے حوالے سے ناموزوں ہے تو اس کا اظہار وہ برملا کرتے ہیں۔ مولوی عبدالحق کے حوالے سے انھوں نے جو کچھ لکھا ہے اس سے یہ اقتباس ملاحظہ کیجیے:

"ملّائیت اور مذہبی عصبیت اور تنگ نظری کے وہ سخت مخالف ہیں اور اس لحاظ سے ان کا مولوی کا لقب بالکل ناموزوں ہے۔ چنانچہ ان کے دیباچوں میں سے اس دیباچے کا ایک حصہ اردو ادب میں ایک یادگار جگہ رکھتا ہے جہاں پر انھوں نے دہلی کے مولویوں کے بڑے پُرجوش الفاظ میں مذمت کی ہے جنھوں نے مولوی نذیر احمد کی کتاب 'امہات الامہ' کے نسخوں کو کافی ہنگامہ کر کے جلا دیا تھا۔" (ص ۱۸۳)

آگے لکھتے ہیں:

"ہمیں افسوس کے ساتھ یہ تسلیم کرنا پڑتا ہے کہ اردو زبان کے تحفظ اور ترقی کے لیے جن عظیم وسائل اور عوامی قوتوں کو بروئے کار لایا جا سکتا تھا اسے حرکت میں لانے اور منظم کرنے میں مولوی صاحب اور انجمن ترقی اردو ناکام رہے۔ اس کا بنیادی سبب یہ ہے کہ مولوی صاحب نے اردو کی تحریک کو کبھی جمہوری یا عوامی تحریک بنانے کی کوشش نہیں کی۔" (ص ۱۸۵)

میں صرف آخری جملے پر اپنی حقیر رائے دیتے ہوئے اپنی بات ختم کرتا ہوں کہ اگر مولوی صاحب بھی انجمن یا اپنے علمی سفر کو حد درجہ جمہوری یا عوامی تحریک کی شکل دینے کی دھن میں ہوتے تو انھوں نے جو علمی اور تحقیقی کام کیے وہ ہمارے سامنے نہیں ہوتے۔ پھر یہ کہ مولوی عبدالحق کی شناخت دہلی کے مولویوں کی پرجوش الفاظ میں مذمت کرنے

کے سبب نہیں ہے۔ گفتگو چوں کہ ر'وشنائی' کے حوالے سے ہے اس لیے 'روشنائی' کی تاریخی اور ادبی قدر و قیمت پیش نظر رکھنے کی ضرورت ہے۔

'روشنائی' بے شک ایک بے حد فعال شخصیت کی تحریر ہے جو ترقی پسند تحریک کے مالہ وماعلیہ (pros & Cons) کو پیش کرتی ہے لیکن ترقی پسند تحریک کے جلسوں کی حتمی تاریخوں کا حوالہ نہ ہونا اس کتاب کی قدر و قیمت کم کر دیتی ہے جس کے حوالے سے اوپر گفتگو کی گئی۔ اس کتاب کا جو نثری اسلوب ہے وہ دل کش ہے، اس لحاظ سے سجاد ظہیر کا اپنا اسلوب نثر ایسا ضرور ہے جس کے سبب یہ کتاب پڑھی جاتی ہے اور پڑھی جائے گی۔ اگر کسی کو ترقی پسند تحریک کے کسی جلسے کی حتمی تاریخ اس کتاب سے چاہیے تو مجھے یہ کہنے دیجیے کہ اُسے مایوسی ہاتھ آئے گی۔

٭٭٭

ترقی پسند تحریک اور سید سجاد ظہیر

ڈاکٹر قمر عباس

اُردو یا اُردو ادب میں مختلف اوقات میں مختلف تحاریک نے جنم لیا۔ کچھ کے اثرات محدود رہے اور کچھ دُور رس اثرات کی حامل رہیں۔ تقدیم و تاخیر کی بحث میں اُلجھے بغیر ان تمام تحاریک میں سے چند کے نام کچھ یوں ہیں۔ فارسیت کی تحریک، ابہام گوئی کی تحریک (کلام کی معنوی صفت، جس کے تحت کلام میں ایسا لفظ برتا جاتا ہے کہ جس کے معنی ایک سے زیادہ ہوتے ہیں۔ مطلب یہ کہ ایک معنی قریب اور دوسرا معنی بعید۔ شاعر معنی بعید مراد لیتا ہے، مگر عمومی طور پر معنی قریب سمجھا جاتا ہے۔ تاہم، خوبی یہ ہے کہ دونوں معنی دُرست ہو سکتے ہیں۔ جیسا کہ مصرع اگر یوں ہے کہ " ایسا گنہ کیا ہے کہ کچھ جس کی حد نہیں۔ " اس مصرعے میں حد کے دو معنی سمجھ میں آ رہے ہیں۔

یعنی انتہا اور کسی گناہ کی سزا۔ دِل چسپ بات یہ ہے کہ یہاں پر دونوں معنی منطبق ہو سکتے ہیں۔ عمومی مطلب اس کا انتہا ہے، جب کہ شاعر نے دوسرا مطلب یعنی سزا مراد لیا ہے)، نظم نگاری کی تحریک، علی گڑھ تحریک، تحریکِ ادب اسلامی اور جدیدیت کی تحریک وغیرہ۔ تاہم، ایک تحریک، جس کا متذکرہ فہرست میں ذکر نہیں کیا گیا، وہ "ترقی پسند تحریک" ہے۔ ایک ایسی تحریک، جس نے تمام تر تحریکوں کو پیچھے چھوڑ دیا اور اُردو ادب پر اَن مٹ نقوش مرتّب کیے۔ ترقی پسند تحریک جس شخص کی مرہونِ منّت تھی،

اُس کا نام سیّد سجّاد ظہیر تھا۔ گویا ترقی پسند تحریک اور سیّد سجّاد ظہیر ایک سکّے کے دو رُخ بھی قرار دیے جاسکتے ہیں اور ایک دوسرے کے لیے لازم و ملزوم بھی۔

۵ نومبر ۱۹۰۵ء کو گولہ گنج، لکھنؤ، یوپی (بھارت) میں سیّد وزیر حسن کے گھر پیدا ہونے والے سیّد سجّاد ظہیر نے عیش و آرام میں آنکھ کھولی۔ سجّاد ظہیر بہن، بھائیوں میں چھٹے نمبر پر تھے۔ بھائیوں اور بہنوں کی ترتیب کچھ اس طرح تھی۔ سیّد علی ظہیر، نور فاطمہ، سیّد حسن ظہیر، سیّد حسین ظہیر، نور زہرہ، سیّد سجّاد ظہیر اور سیّد باقر ظہیر۔ سجّاد ظہیر تک آتے آتے خوش حالی نے گھر کا راستہ دیکھ لیا تھا۔ ایسے بچّے، جو صاحبِ ثروت گھرانوں میں پیدا ہوتے ہیں، عمومی طور پر ناز و نعم اور عیش و آرام کے عادی ہوتے ہیں، مگر یہاں تو معاملہ ہی اور تھا۔ جس گھرانے میں پیدا ہوئے، وہ موضع بڑا گاؤں، ضلع جونپور کا ایک چھوٹا زمین دار گھرانا شمار کیا جاتا تھا۔ ماں اور باپ دونوں ہی جونپور کے دیہاتی سادات گھرانے سے تھے۔ دادا، سیّد ظہیر حسن تحصیل دار تھے۔

اس گھرانے کے پاس دولت بھی تھی اور عزّت بھی۔ شُہرت بھی تھی اور خدمت بھی۔ عوام و خواص سیّد ظہیر حسن کا یکساں احترام کرتے تھے۔ والد، سیّد وزیر حسن اعلیٰ تعلیم یافتہ شخص تھے۔ نام وَری اور اثر و رسوخ اس خاندان کا طُرّۂ امتیاز و اعزاز تھا۔ وزیر حسن نے سخت محنت کی۔ اوّلاً وکالت اور بعد میں منصفی اختیار کی۔ وکالت اختیار کی، تو یوپی کے ممتاز وکلا میں شمار کیے جانے لگے۔ اودھ ہائی کورٹ کے چیف جج کا اعلیٰ عُہدہ بھی حاصل کیا۔ سیاست میں آئے، تو تب بھی نیک نامی ہم رکاب رہی۔ آل انڈیا مسلم لیگ میں بھی کام کیا اور کانگریس میں بھی خدمات انجام دیں۔ اُن کی خدمات کے عوض برطانوی حکومت نے اُنھیں "سَر" کے خطاب سے نوازا اور یوں وہ "سر وزیر حسن" کہلائے۔ برّصغیر کے ممتاز سیاست دانوں سے مراسم رہے۔ لکھنؤ میں اُن کی حویلی، "وزیر

منزل" کے نام سے مشہور تھی، جہاں سربر آوردہ شخصیات کی آمد ورفت معمول کی بات تھی۔ "وزیر منزل" ایک وسیع وعریض کوٹھی تھی۔ چھوٹے بڑے کمروں کی تعداد کُل ملا کر لگ بھگ ۴۰ تک جا پہنچتی تھی۔ دالان انتہائی کشادہ تھا۔ بر آمدے تھے اور ایک بہت بڑا باغ بھی تھا، جس میں اشوک، یوکلپٹس اور مولسری کے درخت تھے۔ گلاب، موتیا اور دیگر پھولوں کی کیاریاں تھیں۔ آم کے بے شمار درخت تھے، جن میں گرمی کے موسم میں جب کوئلیں کُوکتیں، تو سماعت کو بہت بھلا لگتا۔ غرض "وزیر منزل" کسی بادشاہ کے محل کا سا منظر پیش کرتی۔

سجّاد ظہیر کی باقاعدہ تعلیم کا آغاز ۶ برس کی عُمر میں ہوا۔ حویلی میں نوکر چاکر اور ملازماؤں کی اچھی خاصی تعداد تھی۔ یوں بچپن کا خاصا بڑا حصّہ اُن ہی لوگوں کے ساتھ گزرا اور اُن سے گھلنے ملنے کے باعث سجّاد ظہیر کو نچلے طبقے کی سماجی اُلجھنوں اور معاشی مشکلات کے بارے میں آگہی ہوئی اور اُن کے دِل میں طبقاتی تقسیم کے لیے نفرت کا احساس بیدار ہوا، جس نے آگے چل کر اُن کی زندگی میں اہم کردار ادا کیا۔ گھر کی فضا کافی حد تک جاگیر دارانہ تھی۔ تاہم، اس میں مذہب کا بھی از حد احترام تھا۔ ان دو باتوں کے علاوہ گھر کی فضا سیاسی مصروفیات اور میل جول کے باعث بہت حد تک قوم پرستانہ بھی تھی۔ ابتدائی طور پر عربی اور فارسی کی بنیادی تعلیم بھی دلوائی گئی اور قاعدہ بغدادی، گلستاں بوستاں تو درسیات کا حصّہ تھیں۔

اُن کے اتالیق کے طور پر جائس کے رہنے والے مولوی رضی حسن کی خدمات حاصل کی گئیں۔ تاہم، سجّاد ظہیر کو اپنے دینی استاد کی شخصیت نے قطعاً متاثر نہ کیا۔ مذہبی طبقے سے دُوری کی بنیاد اسی دَور میں پڑی، جس نے آگے چل کر اُن میں مذہب سے بیگانگی کا احساس شدید تر کر دیا۔ لکھنؤ کے جوبلی ہائی اسکول میں داخل ہوئے، تو ہندوستان اپنی

سیاسی زندگی کی بڑی تبدیلیوں سے گزر رہا تھا۔ ۱۹۱۶ء میں مشہور "لکھنؤ پیکٹ" ہوا۔ سجّاد ظہیر کے والد، سر وزیر حسن کا بھی کسی نہ کسی ناتے سے اس میں اہم کردار اس طور رہا کہ وہ مسلم لیگ کے سیکریٹری بھی رہے تھے۔ سجّاد ظہیر کے لڑکپن کے دُھندلکوں میں اس کی یاد قائم رہی۔ ۱۹۱۷ء کا سال تھا کہ جب رُوس میں انقلاب نے دُنیا بھر کے لوگوں پر عمومی اور ہندوستان کے لوگوں پر خصوصی اثرات مرتّب کیے۔ اب جگہ جگہ انقلاب کی باتیں ہونے لگیں۔ یہ علامت برطانوی سامراج کے لیے سخت خطرناک تھی، چناں چہ اس نے ہندوستان پر اپنا تسلّط برقرار رکھنے کے لیے ہر قسم کے ہتھکنڈوں سے کام لینا شروع کر دیا۔

۱۹۱۸ء میں ہندوستان کے مزدور طبقے میں بے چینی انتہا کو پہنچ گئی اور جگہ جگہ ہڑتالیں ہونے لگیں۔ ملوں اور کارخانوں میں کام کرنے والے سڑکوں پر نکل آئے۔ ۱۹۱۹ء کا زمانہ تھا کہ جب جلیانوالہ باغ کا سانحہ ہوا۔ ہر باشعور ہندوستانی نے اُس سانحے کی کسک اپنے دِل میں محسوس کی، جس میں جنرل ڈائر کی نہتّے ہندوستانی عوام پر کی جانے والی وحشیانہ فائرنگ سے سیکڑوں لوگ اپنی جانوں سے ہاتھ دھو بیٹھے تھے۔ جنرل ڈائر کے وحشیانہ پن کا اندازہ اس بات سے لگایا جا سکتا ہے کہ اُس نے غیر مسلّح مقامی افراد پر گولیوں کے ۱۶۰۰ سے زاید راؤنڈز چلائے۔ شاعرِ انقلاب، جوشؔ ملیح آبادی نے اُس بربریت کے خلاف ایک زوردار نظم بھی کہی تھی، جس نے لوگوں کے احساسات میں ہل چل مچا دی تھی۔ نوعُمر سجّاد ظہیر بھی اُس واقعے سے بے حد متاثر ہوئے۔ گویا واقعات کا ایک تسلسل تھا، جس نے نوعُمر سجّاد ظہیر کو قبل از وقت ہی سیاسی اور سماجی شعور سے آگہی دِلا دی تھی۔ ۱۹۲۱ء میں سجّاد ظہیر کو اپنے گھر میں سکونت پزیر رشتے کے ایک ماموں "جھنگری ماموں" سے دِلی لگاؤ پیدا ہوا۔ اس لگاؤ کی وجہ جھنگری ماموں کی دِل چسپ آزاد

شخصیت تھی۔

جھنگری ماموں اخبارات و رسائل اور ناولز کے شوقین تھے۔ سو، اُن کے پاس ناولز کا ڈھیر لگا رہتا تھا۔ اس کے علاوہ سیر سپاٹے کے بھی بے حد شوقین تھے اور شام کو لکھنؤ کے مشہور بازاروں میں گشت معمول تھا۔ اسی کے ساتھ خاصے دِل پھینک بھی واقع ہوئے تھے۔ سجّاد ظہیر اپنے جھنگری ماموں کی عدم موجودگی میں اُن کے ناولوں سے خوب خوب فیض یاب ہوتے۔ یہی وہ وقت تھا کہ جب نوجوانی کی دہلیز پر قدم رکھتے ہی سجّاد ظہیر میں ادب سے دِل چسپی کا رُجحان پروان چڑھا۔ زندگی کے ابتدائی برسوں ہی میں صاحبِ ثروت، سجّاد ظہیر شاید اس وجہ سے طبقاتی تقسیم کے خلاف ہو گئے تھے کہ انہوں نے اپنے گھر میں ملازمین کی عُسرتوں اور حسرتوں کا قریب سے مشاہدہ کیا تھا۔ مذہب سے یوں بیگانہ ہوئے کہ اپنے دینی استاد کی شخصیت کا کوئی خاطر خواہ اثر قبول نہ کر سکے اور جھنگری ماموں نے ادب سے دِل چسپی کو بڑھاوا دیا۔ یہ اُن کی اوائلِ زندگی کے وہ تین کردار تھے، جنھوں نے زندگی کی اگلی منزلوں میں انہیں کسی واضح حکمتِ عملی کی طرف مسلسل متوجّہ کیے رکھا۔ گورنمنٹ جوبلی ہائی اسکول، لکھنؤ سے ۱۹۲۱ء میں میٹرک کا امتحان پاس کیا۔ "تحریکِ عدم تعاون" اور "تحریکِ خلافت" کا شور و ہنگامہ سجّاد ظہیر کے لیے سوچنے، سمجھنے اور سیکھنے کا ایک بھرپور عمل تھا۔ قابل اور نام وَر باپ، سیّد وزیر حسن کی وساطت سے "وزیر منزل" عہد کے سر برآوردہ سیاست دانوں، ادیبوں، شاعروں اور دانش وَروں کی آماج گاہ بنی رہتی تھی۔ وقت کی دو بڑی سیاسی جماعتیں یعنی کانگریس اور آل انڈیا مسلم لیگ اپنی اپنی حکمتِ عملیوں کے تحت انگریزوں کو ہندوستان سے بے دخل کرنے کی کوششوں میں مصروف تھیں۔ سر وزیر حسن کا جھکاؤ کانگریس کی طرف زیادہ تھا، چناں چہ کانگریسی رہنماؤں کی آمد و رفت مسلم لیگی رہنماؤں کے مقابلے میں زیادہ تھی۔

اس کے علاوہ بھی مختلف مقامات پر سیّد وزیر حسن کا آنا جانا لگا رہتا تھا اور اکثر مقامات پر سجّاد ظہیر کو بھی جانے آنے کا موقع ملتا۔ گویا انہی سیاسی ہنگامہ خیزیوں کے بیچوں بیچ سجّاد ظہیر نے میٹرک کے بعد انٹر کے لیے کالج میں داخلہ لیا۔ اب زندگی کا رنگ ڈھنگ کچھ اور ہو گیا۔ دوستوں کا حلقہ وسیع تر ہو چلا۔ ہندوستان کی آزادی کی لڑائی بیسویں صدی کے تیسرے عشرے میں داخل ہونے لگی تھی اور ہندوستانی سیاست ایک فیصلہ کُن موڑ پر آچکی تھی۔ قائد اعظم محمد علی جناح، مہاتما گاندھی، علّامہ اقبال، جوش ملیح آبادی، رابندر ناتھ ٹیگور، سروجنی نائیڈو اور دیگر سیاسی قائدین، شاعر و ادیب سب کے سب وقت کی آواز میں اپنی آواز شامل کر رہے تھے۔ حُریّت پسند اپنے اپنے محاذوں پر بے خوفی اور بے جگری سے انگریزوں کو اپنی زمین سے نکالنے اور اپنی اپنی قوم کو سنبھالنے میں مگن تھے۔ منزل ایک مگر، راستے جُدا تھے۔ مقصد ایک مگر، حکمتِ عملی میں فرق تھا۔

سجّاد ظہیر نے کرسچین کالج، لکھنؤ سے ۱۹۲۴ء میں انٹر میڈیٹ کیا۔ یہ وہ زمانہ تھا کہ جب اُن کا حلقۂ احباب وُسعت اختیار کرنے لگا۔ سیاسی، مذہبی، ادبی اور سماجی مباحث زندگی کا لازمی حصّہ بن چکے تھے اور کچھ کر گزرنے کا جذبہ دِل میں سرایت کرتا جا رہا تھا۔ اب سجّاد ظہیر تھے اور قوم پرستانہ خیالات تھے۔ وہ تھے اور سماج کے امتیازات۔ وہ تھے اور روایت سے بغاوت کے احساسات۔ دِل و دماغ میں سماج کے کُچلے ہوئے افراد کے لیے کچھ کر گزرنے کی لہر تھی اور اپنی زندگی کا عیش و آرام زہر معلوم ہونے لگا تھا۔ کھدّر سارے دلدّر دُور کرنے کی دوا معلوم ہونے لگا۔ لہٰذا، اُسے پوری طرح اپنا لیا۔ گوشت سے کُلیّتاً اجتناب برتنا شروع کر دیا۔ چرخہ کاتنا روحانی سکون سے آشنا کرنے لگا۔ اُسی زمانے میں اودھ کے کسانوں نے زمین داروں کو لگان دینے سے انکار کر دیا۔ کسانوں کے بڑے بڑے اجتماعات ہونے لگے۔ حکمتِ عملی مرتّب کی جانے لگی۔ سجّاد ظہیر کو کسانوں

کی اُس باغیانہ جرأت سے یک گونہ مسرّت حاصل ہوئی۔ اب وہ کانگریس کے اثر سے باہر نکل کر مزدوروں کی تحریک میں دِل چسپی لینے لگے۔

کمیونسٹ پارٹی نظرِ انتخاب ٹھہری اور انگریزی و رُوسی ادب سے لگاؤ اور زیادہ بڑھ گیا۔ ۱۹۲۶ء میں لکھنؤ یونی ورسٹی سے بی اے کا امتحان پاس کیا۔ اُس کے اگلے ہی برس یعنی ۱۹۲۷ء میں لندن بھیج دیے گئے، جہاں اوکسفرڈ یونی ورسٹی سے بار ایٹ لا کی سند حاصل کی۔ گرچہ باپ کی خواہش تھی کہ وہ آئی سی ایس یعنی انڈین سول سروس کے امتحان میں بیٹھیں۔ برطانیہ پہنچنے سے پہلے وہ تین چار دن کے لیے پیرس میں قیام پزیر رہے اور وہاں کی تہذیب کو بہت باریک بینی سے دیکھا اور انتہائی متاثر ہوئے۔ لندن پہنچے ہی تھے کہ بیماری نے حملہ کر دیا اور بیماری بھی تپِ دق جیسی، جس نے بستر سے لگا دیا۔ علاج کے لیے سوئٹزر لینڈ بھیجا گیا۔ کوئی لگ بھگ ایک برس وہاں علاج کے سلسلے میں مقیم رہے۔ تاہم، میسّر وقت کو غنیمت جانا اور فرانسیسی و رُوسی ادب کھنگال ڈالا۔ کمیونزم پر ڈھیروں کتابیں پڑھ ڈالیں۔

۱۹۲۸ء میں اوکسفرڈ واپس پلٹے اور وہاں جدید تاریخ اور معاشیات کا انتخاب کیا۔ باپ کو کہلا بھیجا کہ وہ آئی سی ایس نہیں کرنا چاہتے۔ انہوں نے ہدایت کی کہ بیرسٹری کا امتحان پاس کر لیں۔ تاہم، اُنہیں یہ تجویز بھی پسند نہ آئی، مگر تعلیم پر توجّہ مرکوز رہی۔ جو نظریات حاصل کیے، وہ کمیونزم اور اس کی تعلیمات کے تھے۔ اُس سے اگلے مرحلے میں ہندوستان کی آزادی کی تحریک کے رہنماؤں کے کردار سے متاثر ہوئے اور جب بیرونِ مُلک تعلیم کے سلسلے میں کمیونزم اور اُس سے متعلقہ کتابوں کو پڑھنے کا موقع ملا، تو اُن کی دُنیا ہی بدل گئی۔ ۱۹۲۹ء میں برطانیہ میں ہندوستانی کمیونسٹ طلبہ کا اوّلین گروپ بھی قائم کر ڈالا اور جب برطانیہ نے "سائمن کمیشن" کا اعلان کیا، تو اس کے خلاف جلوس کی

قیادت بھی کی اور پولیس کی لاٹھیاں بھی کھائیں۔ گویا اُن کے اندر کا سیاسی، سماجی اور انقلابی انسان اُنہیں عمل پر اُکسانے اور ردّ عمل کو خاطر میں نہ لانے پر مائل کرتا۔

۱۹۳۲ء میں سجّاد ظہیر نے اوکسفرڈ سے بی اے کا امتحان پاس کیا، جس کے ساتھ ہی وہ ہندوستان واپس آ گئے۔ تاہم، اُنہیں یہاں زیادہ قیام نہیں کرنا تھا، مگر اس عارضی قیام میں سجّاد ظہیر نے "انگارے" کے عنوان سے ۹ افسانوں پر مشتمل ایک کتاب مرتّب کی۔ کتاب میں خود سجّاد ظہیر کے ۵ افسانے، جب کہ احمد علی کے ۲ افسانے، رشید جہاں کا ایک افسانہ اور ایک تمثیل اور محمود الظفر کا ایک افسانہ شامل تھا۔ افسانوں کا یہ مجموعہ معاشرے میں مروجّہ بعض مسلّمہ مذہبی اُمور اور عقاید پر سوال اٹھانے کی کوشش متصوّر کیا گیا۔ لٰہذا، اس کی شدید طور پر مخالفت کی گئی۔ گویا "انگارے" نے ادبی محاذ پر آگ پکڑلی۔ اگر ایک طرف "انگارے" کی مخالفت کا طوفان تھا، تو دوسری طرف اُس کی موافقت کا بھی کچھ نہ کچھ سامان تھا۔ پھر بھی "انگارے" کی حدّت اتنی بڑھی کہ حکومت کو اُسے ضبط کرنا پڑا۔

ابھی یہ ہنگامے جاری ہی تھے کہ سجّاد ظہیر نے تعلیم کا سلسلہ مزید آگے بڑھانے کے لیے ایک بار پھر برطانیہ کا سفر اختیار کیا اور اُسی اوکسفرڈ یونی ورسٹی سے ناتا جوڑا اور معاشیات میں ایم اے کی سند حاصل کرلی۔ ۱۹۳۵ء آتے آتے باپ کے خوابوں کو بھی یوں تعبیر دی کہ اُسی درس گاہ سے بار ایٹ لا کی سند بھی حاصل کرلی اور صحافت میں ڈپلوما بھی اپنے نام کرلیا۔ اب اُن کا شمار اُن چند ہزار ہندوستانیوں میں ہونے لگا کہ جنھوں نے اپنی تعلیم مغرب کے اعلیٰ ترین تعلیمی اداروں سے حاصل کی تھی۔ اُدھر جرمنی میں ہٹلر نے ظلم و ستم کی داستانیں رقم کر رکھی تھیں۔ "دُنیا پر حکومت بہ اندازِ بربریت" اُس کا عمومی طریقۂ کار تھا۔

سجّاد ظہیر نے ابھی تعلیم سے فرصت پائی ہی تھی کہ دُنیا کے تعقّل پسند ادیب، شاعر

اور دانش وَر بڑی طاقتوں کی چھوٹے ممالک کو یرغمال بنانے اور قدرتی وسائل پر قبضہ کرنے کی سرمایہ دارانہ سوچ کے خلاف اُٹھ کھڑے ہوئے۔ ۱۹۳۵ء میں پیرس میں بین الاقوامی کانفرنس کا انعقاد ہوا۔

"WORLD CONGRESS OF THE WRITERS FOR THE DEFENCE OF CULTURE"

کے عنوان سے منعقد ہونے والی اس کانفرنس میں دُنیا بھر سے چوٹی کے ادیب اور شاعر جمع ہوئے۔ میکسم گورکی، روماں رولاں، ہینری باربوس، رال فاکس اور دیگر ادبی ماہ تاب و آفتاب نے ایک منشور پر دست خط کیے، جس میں ظلم و بربریت کے خلاف اپنے قلم کا بے لاگ اور سچّا استعمال کرنے کا عہد کیا گیا اور انسانی مساوات پر مبنی نظام کی حمایت کی گئی۔ سجّاد ظہیر بھی اس کانفرنس میں موجود تھے، مگر اس سوچ کے ساتھ کہ یہی کچھ وہ اپنے مُلک ہندوستان میں بھی کریں گے، جہاں ظلم و زیادتی، استحصال، نا انصافی، جبر اور گھٹن کی فضا عام تھی۔ چناں چہ جب پیرس سے لندن آئے، تو اپنے ہم خیال دوستوں کے ساتھ مل کر "انجمن ترقی پسند مصنّفین" کا ڈول ڈالا۔ منشور تیار ہوا، جس کا انتہائی مختصر لُبِّ لُباب یہ تھا کہ ادب کو قدامت پرستی سے نکال کر جدید عہد کے مطابق اس طرح سے ڈھالا جائے کہ وہ عوام سے جُڑا ہوا محسوس ہو۔ دست خط کنندگان میں سجّاد ظہیر، ڈاکٹر ملک راج آنند، ڈاکٹر کے ایس بھٹ، ڈاکٹر محمد دین تاثیر (ایم ڈی تاثیر) اور ڈاکٹر ایس سنہا شامل تھے۔

منشور کی چند نقول ہندوستان کے ادیبوں کو بھی روانہ کی گئیں۔ منشی پریم چند نے منشور کو پڑھ کر نہ صرف سراہا، بلکہ اپنے رسالے "ہنس" میں انجمن کے اغراض و مقاصد کی حمایت میں اداریہ بھی تحریر کیا۔ ان سب ہنگاموں کے بیچ سجّاد ظہیر نے ناول "لندن کی ایک رات" بھی مکمّل کیا۔ اور اسی سال کے آخر میں وطن واپسی کا سفر اختیار کیا۔

یہاں آتے ہی الٰہ آباد ہائی کورٹ میں پریکٹس شروع کی اور ساتھ ہی انڈین نیشنل کانگریس کی رُکنیت بھی حاصل کی۔ اسی کے ساتھ وہاں کے ادیبوں اور شاعروں کو بھی متحرّک کیا اور انجمن کے اغراض و مقاصد سے آگاہ کیا۔ ڈاکٹر اعجاز حسین، احمد علی، فراقؔ گورکھ پوری اور دیگر ادب نواز افراد نے بھرپور حمایت کی اور اس طرح الٰہ آباد میں ایک حلقہ بن گیا۔ اسی سال الٰہ آباد میں ہندوستان اکیڈمی کی کانفرنس میں شرکت کے لیے جوشؔ، مولوی عبدالحق اور منشی پریم چند کا وہاں آنا ہوا۔ سجّاد ظہیر نے متذکرہ افراد سے ملاقات کی، منشور سے آگاہ کیا اور اُن کی حمایت بھی حاصل کرلی۔ اب جو منصوبہ تھا، وہ تحریک کی شکل اختیار کرنے کی طرف جانے لگا۔ اسی سال اختر حسین رائے پوری کا مضمون "ادب اور زندگی" رسالہ "اردو" کی جولائی کی اشاعت میں شایع ہوا اور اس نے ادبی اُفق پر ہل چل مچادی۔ مضمون میں ادبی معاملات و مسائل کا جدید ذہن سے جائزہ لیتے ہوئے قدامت پسندی کی پامال وادیوں اور گھاٹیوں سے راستہ کاٹ کر چلنے کی صلاح دی گئی تھی۔ گویا یہ وہی بات تھی، جو ترقی پسند کرنا چاہتے تھے۔

۱۹۳۶ء کا سال آیا۔ اب جگہ جگہ ترقی پسند تنظیمیں قائم ہونے لگیں اور پیغام عام ہونے لگا۔ بالآخر اپریل ۱۹۳۶ء میں "انجمن ترقی پسند مصنّفین" کا پہلا جلسہ لکھنؤ میں منعقد ہوا۔ سجّاد ظہیر کو اس جلسے کے انعقاد میں کتنی محنت کرنی پڑی ہوگی، اس کا اندازہ جلسے میں شریک نامی گرامی شعراء، ادیبوں اور دانش وَروں سے لگایا جاسکتا ہے۔ صدارت اُردو کے عظیم افسانہ نگار، منشی پریم چند نے کی اور اپنا مضمون بہ طور صدارتی خطبہ پیش کیا۔ جلسے کی خاص بات یہ تھی کہ اس میں ہندی، اُردو، بنگالی، پنجابی اور ہندوستان کی دیگر زبانوں کے شعراء اور ادباء بھی موجود تھے۔ سجّاد ظہیر کو انجمن کا سیکریٹری منتخب کیا گیا۔ پورے برّصغیر میں اب اس تحریک کا چرچا ہونے لگا۔ گرچہ ایسا نہیں تھا کہ اس تحریک سے پیش تر

فاشزم، سرمایہ داری، ظلم اور استحصال کے خلاف آوازیں بلند نہیں ہو رہی تھیں۔ آوازیں مختلف مقامات سے بلند ہو رہی تھیں، مگر ان میں انفرادیت کی پکار تھی، اجتماعیت کی للکار نہیں۔ سجّاد ظہیر نے تنہا آوازوں کو یک جا، ہم راز اور دَم ساز بنایا اور انہیں ایک مرکز اور طاقت عطا کی۔

اسی سلسلے کی دوسری کانفرنس دسمبر ۱۹۳۸ء میں کلکتے (اب کول کتہ) میں ہوئی۔ ۱۹۳۹ میں "نیا ادب" کے عنوان سے ترقی پسند ادب کا پہلا شمارہ منظرِ عام پر آیا۔ مجازؔ، سبطِ حسن اور علی سردار جعفری مجلسِ ادارت میں شامل تھے۔ اوّلین اداریے میں ترقی پسند ادب کے اغراض و مقاصد اور منشور کے بارے میں بڑی تفصیل سے اظہارِ خیال کیا گیا۔

۱۹۴۰ء کا سال آیا۔ سیاسی سطح پر یہ سال برّ صغیر کے لیے خاصا ہنگامہ خیز رہا۔ مسلم لیگ، جو مسلمانوں کی سب سے بڑی جماعت بن چکی تھی، "قراردادِ لاہور" کے ذریعے ایک واضح نصب العین پر گام زن ہو چلی تھی۔ اُس کے سالارِ کارواں، قائداعظم محمد علی جناح تھے۔ سجّاد ظہیر سیاسی، سماجی اور ادبی محاذ پر بہت متحرّک تھے۔ انگریزوں کے خلاف اُنھوں نے ایک بہت سخت تقریر کی، جس کی پاداش میں اُنہیں دو برس کے لیے قید و بند کی صعوبتوں کا شکار رہنا پڑا۔ رہائی کے بعد "قومی جنگ" اور "نیا زمانہ" کے مدیرِ اعلیٰ کے طور پر کام کرتے رہے۔ ترقی پسند کانفرنس کے تحت "تیسری کُل ہند کانفرنس" کا انعقاد ۱۹۴۲ء کی ہنگامہ خیز فضا میں ہوا۔ دوسری عالمی جنگ کے باعث بین الاقوامی سیاسی حالات بہت نازک تھے۔ ترقی پسند شعراء اور ادیب تو پہلے ہی ظلم و بربریت اور جبر و ناانصافی کے خلاف صف آراء تھے، اس کانفرنس کا خاص پہلو مگر یہ تھا کہ اس میں وہ شعراء اور ادیب بھی شریک ہوئے، جو "حلقہ ٔ اربابِ ذوق" سے منسلک تھے، جیسا کہ ن۔

م راشد، میرا جی، قیوم نظر وغیرہ۔

ان ہی کے پہلو بہ پہلو ترقی پسند ادب اور ادیبوں پر تنقید بھی کی جاتی رہی۔ جعفر علی خاں، اثرؔ لکھنوی اور پروفیسر رشید احمد صدیقی نے اس ضمن میں بہت سے مضامین تحریر کیے۔۱۹۴۷ء برّ صغیر کی گزشتہ ہزار سالہ تاریخ کا شاید سب سے ہنگامہ خیز سال تھا۔ ہندوستان تقسیم ہوا۔ پاکستان کا قیام عمل میں آیا اور تاریخ کی چند عظیم ترین ہجرتوں میں سے ایک ہجرت عمل میں آئی۔ آگ اور خون کے دریا عبور کیے گئے۔ اسی سال سجّاد ظہیر کی کتاب "اُردو، ہندی، ہندوستانی (لسانی مسئلہ)" بھی شایع ہوئی۔ تقسیمِ ہند کے بعد ۱۹۴۸ء میں سجّاد ظہیر نے کمیونسٹ پارٹی آف انڈیا کی حکمتِ عملی کے تحت پاکستان کا سفر اختیار کیا اور کمیونسٹ پارٹی آف پاکستان کے جنرل سیکریٹری منتخب ہوئے۔ تاہم، پاکستان میں اُنھیں رُوپوش رہ کر کام کرنا پڑا، یہاں تک کہ ۱۹۵۱ء میں اُنھیں "راول پنڈی سازش کیس" میں فیضؔ اور دیگر افراد کے ساتھ داخلِ زنداں کیا گیا۔ چار سالہ قید وبند میں سجّاد ظہیر نے "ذکرِ حافظؔ" اور "روشنائی" تحریر کی۔ ۱۹۵۵ء میں رہائی ملی، تو پاکستان سے دوبارہ ہندوستان کا سفر اختیار کیا۔ اس کے بعد بھی وہ لگاتار انجمن کو فعال رکھنے کے سلسلے میں مصروف رہے۔ "پگھلا نیلم" کے عنوان سے ۱۹۶۴ء میں ایک شعری مجموعہ بھی سامنے آیا، جب کہ تراجم اس کے علاوہ تھے۔

۱۳ستمبر ۱۹۷۴ء میں الماتا، رُوس میں اُن کا انتقال ہوا۔ اُن کے دیرینہ دوست اور رفیق وہم دم، فیض احمد فیضؔ اپنے دوست کی میّت رُوس سے لے کر دہلی پہنچے اور انہوں نے اپنے ہم دمِ دیرینہ کے لیے ایک انتہائی پُر اثر تعزیتی نظم بھی کہی۔ نہ اب ہم ساتھ سیر گُل کریں گے۔۔۔ نہ اب مل کر سرِ مقتل چلیں گے۔ سجّاد ظہیر کی ترقی پسند تحریک نے اُردو ادب میں ایک نئے عہد کو جنم دیا۔ ترقی پسند تحریک نے ادب کی بہت سی اصناف کو

متاثر کیا۔ اُس تحریک کے نتیجے میں کتنے ہی شاعر، ادیب، رسالے، کتابیں اور تحقیقی مقالے وجود میں آئے۔ یہاں یہ کہنا بے جا نہ ہو گا کہ اُردو ادب کی تاریخ، سجّاد ظہیر کی ترقی پسند تحریک کے تذکرے کے بغیر ادھوری ہی سمجھی جائے گی۔

٭ ٭ ٭

علی سردار جعفری ترقی پسند تحریک کا ایک منفرد شاعر

عبدالحفیظ خان علیگ

علی سردار جعفری ۲۹ نومبر ۱۹۱۳ کو بلرام پور میں پیدا ہوئے تھے۔ جعفری کا شمار ترقی پسند تحریک کے اہم شعراء میں کیا جاتا ہے۔ سردار جعفری ترقی پسند تحریک کے سرگرم رکن میں سے تھے انھوں نے اپنے کلام کے ذریعے ترقی پسند تحریک کو پروان چڑھانے میں اہم کردار ادا کیا۔ ان کے شعری اور نثری تحریروں میں ترقی پسندی کی جھلکیاں واضح طور پر دیکھنے کو ملتی ہیں۔ ابتدائی دور میں ان کے یہاں رومانی اثرات کی جھلکیاں دیکھنے کو ملتی ہیں۔ وہ اپنے کلام کا اظہار روایتی انداز میں بھی کرتے ہیں۔ لیکن ان کے کلام کی خولصیات یہ ہے کہ ان کے یہاں وطن دوستی اور انسانی قدروں کا احساس ملتا ہے ترقی پسند تحریک سے منسلک ہونے کے بعد یہ احساس اور شدت پکڑتا چلا گیا اور ان کی رومانیت حقیقت پسندی میں تبدیل ہونے لگی۔

سردار جعفری کے ادب سے ذوق کا عالم یہ تھا کہ انھوں نیآٹھ سال کی عمر میں میر انیس کے مرثیوں میں سے ایک ہزار اشعار کو یاد کرلیا تھا۔ جس کو وہ روانی کے ساتھ پڑھتے تھے۔ اور ۱۵ برس کی عمر میں انھوں نے اپنے کلام کو باضابطہ طور تحریر کرنا شروع کیا۔ ایک طرف وہ حافظ، رومی، جامی، عرفی، نظیری، شیکسپیئر، ملک محمد جائسی، تلسی اور کبیر سے متاثر تھے۔ تو دوسری طرف انھوں نے میر تقی، میر انیس، نظیر اکبر آبادی کی

ادبی روایات سے بھی استفادہ کیا۔ جب پختہ عمر کو پہنچے تو وہ اقبال کے بھی معترف ہو گئے۔ وہ کہتے تھے "میں اپنی جوانی میں اقبال کے بارے میں کچھ الگ ہی رائے رکھتا تھا بعد میں اندازہ ہوا کہ اقبال پہلے شاعر ہیں جنہوں نے لفظ انقلاب استعمال کیا ہے۔" ہندی ادب میں غالب کو متعارف اور مقبول بنانے والوں میں سردار جعفری کا اہم رول ہے۔ انہوں نے غالب کی مثنوی "چراغ دیر" کا ہندی زبان میں ترجمہ "سومنات خیال" کے نام سے کیا تھا۔ جس سے غالب کا اثر ہندی ادب پر بھی بہت گہرا پڑا۔ ماہرین کے مطابق ان کی شعری زندگی کا آغاز اس شعر سے ہوا تھا:

دامن جھٹک کر منزلِ غم سے گزر گیا
اٹھ اٹھ کے دیکھتی رہی گرد سفر مجھے

انھوں نے کم سنی میں جو پہلا مرثیہ کہا اس کا ایک بند ملاحظہ فرمائیں:

آتا ہے کون شمع امامت لیے ہوئے
اپنے جلو میں فوج صداقت لیے ہوئے
ہاتھوں میں جام سرخ شہادت لیے ہوئے
لب پر دعائے بخشش امت لیے ہوئے
اللہ رے حسن فاطمہ کے ماہتاب کا
ذروں میں چھپتا پھرتا ہے نور آفتاب کا

ان کے اس بند پر میر انیس کے مرثیوں کی گہری چھاپ نظر آتی ہے۔ وہ خود کہتے ہیں کہ میں نینماز اور کلمہ کے بعد مرثیوں میں آنکھ کھولی ہے۔ سردار جعفری کی نظموں میں سیاسی، انقلابی، سماجی شعور، کا احساس دیکھنے کو ملتا ہے۔ ایشیا جاگ اٹھا، نئی دنیا کو سلام، اور امن کا ستارہ اسی فکر کی نظمیں ہیں۔ جس میں انھوں نے نئی نئی تشبیہوں اور استعاروں

کے پیرائے میں بڑی بڑی باتوں کو قلم بند کیا ہے۔

ان کی شاعری میں زور خطابت اور آہنگ پایا جاتا ہے۔ جو جوش ملیح آبادی سے محبت کا نتیجہ ہے۔ جعفری کی قید و بند کے وقت لکھی گئی نظموں میں اقبال اور جوش کا لب ولہجہ دیکھنے کو ملتا ہے۔ ان نظموں میں پتھر کی دیوار، میرے خواب، ایک خواب اور، اور جیل کی رات قابل ذکر ہیں۔ ان نظموں میں سوز و گداز اور دل کو چھو لینے والی کیفیت ہے۔ اور کہیں مایوسی کی فضا نظر نہیں آتی بلکہ رجائیت کا احساس نمایا ہوتا ہے۔ نرمی کی جگہ بلند آہنگی اور جاہ و جلال نظر آتا ہے۔ ایک نظم "آنسوں کے چراغ" مہاجر عورتوں سے یوں مخاطب ہیں:

"شریف بہنو!

غیور ماؤں!

تمہاری آنکھوں میں بجلیوں کی چمک کے بدلے یہ آنسوؤں کا وفور کیوں ہے

میں اپنے نغمے کی آگ لاؤں

تم اپنی آہوں کی مشعلوں کو جلا کے نکلو

ہم اپنی روحوں کی تابناکی سے اس اندھیرے کو پھونک دیں گے"

جعفری نے آزاد نظموں کے بہترین نمونے پیش کر کے اردو شاعری کے قابل قدر خدمت انجام دی ہے۔ بقول ڈاکٹر محمد حسن "جس طرح سردار جعفری آزاد نظم کو کلبیت، فکری نراج اور مریضانہ انفعالیت سے آزاد کر کے اسے ایک نیا لہجہ بخش دیا۔ اور منظوم دائرے کو ایک سماجی معنویت دے دی۔ اسی طرح انقلابی حسیت بھی نئے لہجے اور نئی آہنگ اختیار کر سکتی ہے۔"

جعفری نے اپنی شاعری میں محبوب کی زلف کے پیچ و خم کو سنوارنے کے بجائے

شاعری میں انقلابی اور حب الوطنی کے جذبے سے جڑے موضوعات کو اپنی اظہار خیال کا ذریعہ بنایا۔ انقلابی شاعری کی وجہ سے آپ کو ۱۹۴۰ء میں گرفتار کر لیا گیا۔ انقلابی تحریک سے متعلق چند اشعار ملاحظہ ہوں۔

اسی لیے تو ہے زنداں کو جستجو میری
کہ مفلسی کو سکھائی ہے سرکشی میں نے
مقتل شوق کے آداب نرالے ہیں بہت
دل بھی قاتل کو دیا کرتے ہیں سر سے پہلے

سردار جعفری کی ایک نظم ہند و پاک کی دوستی کو لے کر ہے جس میں آپسی رشتوں کو مضبوط کرنیا ور امن و امان قائم رکھنے کا پیغام دیا ہے۔ نظم کا عنوان ہے "تمہارا ہاتھ بڑھا ہے جو دوستی کے لیے"۔ اس کے کچھ بند پیش خدمت ہیں:

زمین پاک ہمارے جگر کا ٹکڑا ہے
ہمیں عزیز ہے دہلی و لکھنو کی طرح
تمہارے لہجے میں میری نوا کا لہجہ ہے
تمہارا دل ہے حسیں میری آرزو کی طرح
کریں یہ عہد کے اوزار جنگ جتنے ہیں
انہیں مٹانا ہے اور خاک میں ملانا ہے
کریں یہ عہد کہ ارباب جنگ ہیں جتنے
انھیں شرافت و انسانیت سکھانا ہے
تم آؤ گلشن لاہور سے چمن بر دوش
ہم آئیں صبح بنارس کی روشنی لے کر

ہمالیہ کی ہواؤں کی تازگی لے کر
پھر اس کے بعد یہ پوچھیں کہ کون دشمن ہے

اس نظم کیان بندوں سے یہ ظاہر ہوتا ہے کہ تقسیم ہند نے سردار جعفری کو کتنا بے چین اور افسردہ کر دیا تھا۔ اور ہند و پاک کی یکجہتی کے لئے اپنی اس نظم کو کس قدر دلکش انداز میں بیان کرتے ہوئے نظر آتے ہیں۔

سردار جعفری کو ان کی ادبی خدمات کے سلسلے میں حکومت ہند نے پدم شری انعام ۱۹۶۷ء میں اور جواہر لال نہرو فیلوشپ ۱۹۶۹ء میں دیا تھا۔ اور "ایک خواب اور" پر سوویت لینڈ نہرو انعام ۱۹۶۵ء اور "نئی دنیا کو سلام" پر گیان پیٹھ انعام سے ۱۹۷۰ء میں سرفراز کیا تھا۔ سردار جعفری بیک وقت ایک اچھے ادیب، شعلہ بار مقرر، مرثیہ گو، افسانہ نگار، شاعر و نقاد اور ڈرامہ نویس بھی تھے انہوں نے اپنی تحریروں اور تقریروں کے ذریعے انسانی دوستی کا پیغام دیا ہے۔

* * *